Barbara Keller

DAS GELD
LIEGT BEI DER ENTE

edition
innsalz

Barbara Keller
„Das Geld liegt bei der Ente"
Erstes und einziges Lese-, Koch- und Sparbuch

Herausgegeben von:
Wolfgang Maxlmoser

© edition innsalz Verlags GmbH
A–5282 Ranshofen, Ranshofnerstraße 24a
Mobiltelefon: 0043 664 3382412; Fax: 0043 7722 64666-4
Homepage: www.edition-innsalz.at
E-Mail: office@edition-innsalz.at, info@edition-innsalz.at

ISBN: 978-3-902981-28-8

1. Auflage 2014
Druck im EU-Raum

Barbara Keller

DAS GELD
LIEGT BEI DER ENTE

Erstes und einziges
Lese-, Koch- und Sparbuch

VORWORT

Dies vorliegende nachfolgende Werk stellt eine Trilogie der besonderen Art dar.

„Schreiben Sie einen Kriminalroman", schlug mir ein Verleger vor, mit dem ich in Kontakt war, letztendlich fruchtlos. Aber das ist nichts für mich. Erstens ‚Kriminal' – wir sind von Kriminellem umgeben, wohin man hört und schaut und liest, da brauch ich nicht noch was dazuzuerfinden oder bereits Getanes zu verkleiden und zu verwurschten. Und zweitens, Romane allgemein gibt es schon so viele und es werden täglich mehr, die Flut ist unüberschaubar. Aber das sind nur zwei der Gründe, dass ich keinen verfassen möchte. So einen Handlungsstrom im Auge bzw. Hirn zu behalten und immer wieder nahtlos anknüpfen und weiterweben zu können – das erfordert ein eigenes Talent. Jaa, wenn man so gebettet wäre, in einem gemütlich temperierten Arbeitszimmer zu sitzen, Blick ins Grüne, Geräuschkulisse maximal Vogelgezwitscher oder vielleicht flauschiger Schneefall, ab und zu geht ganz leise die Tür auf und man bekommt sanft eine Tasse Tee hingestellt. Und man hat sich um nichts anderes zu kümmern als um das Anwachsen der Wortezahl – ja, dannnn ... Vielleicht nur eine Ausrede, dieses. Aber ich mag halt nicht.

Also – anstelle eines mehr oder weniger kriminellen Romans folgt nun Vermischtes:
Gedanken, Erlesenes, Erhörtes und Unerhörtes, Erlebtes, Aufzeichnungen und Niederschriften. Auch Witze sind darunter. Alles in allem ein irgendwie homogenes Durcheinander.

LESEBUCH

An einem Oktobersonntag

Auf einer herbstlichen Bank, buntwelke Blätter weggestreift.
Der Duft des letzten Heus.
Mit geschlossenen Augen blicke ich in die späte Sonne,
sie leuchtet orange in mein Innerstes.
Warm ist mir.
Das Wasser des Almkanals flackert unter den Strahlen.
Langsam dunkelt der Untersberg,
ein wenig später der Staufen.

Über den Steg

Ich überquere den Fluss.
Der Vorname des Stegs lautet: Makart.
Es ist Herbst, dämmrig der Tag, dämmrig das Jahr.
Ein Blatt hat sich hierherverirrt, ockerfarben.

Der Turm der Müllner Kirche – ein übermächtiger Stundenanzeiger.
Am großen Hotel sind Fahnen angebracht, rotweißrot.
Und sie rissen unsere Röcke in die Höhe. „Dann die Fahne hoch!" So wurden wir kleinen braven Mädchen von kleinen bösen Buben gefragt.
Noch vor der Antwort ‚ja' hieß es ihrerseits:
„Liebst du Österreich?"

Der Fluss fließt ohne Wiederkehr. Und der Wind wird kühler.

NOTATE

(?) Gott suchen heißt sich finden. (?)

In einem selbst aufräumen.

Aus sich herausgehen; sein Inneres äußerln führen.

Ego – unechter Chef
Luzifer, ehemals stärkster Engel: „Besser in der Hölle Chef als Diener sein im Himmel."
Luziferischer Fall: ‚Building empires'

„Wenn einem das Wasser bis zum Hals steht, dann sollte man den Kopf nicht hängen lassen."
(K. Valentin)

„Rot und Blau is an Bauern sei Frau" hieß es unter uns Kindern, wenn Mädchen in dieser Farbkombination angezogen waren. Gelegentlich verwendete Spielart: „... sei Sau." Womit ich jedoch nichts anfangen konnte in Verbindung mit einem Schwein.

„In Europa läuten die Kanonen." Das war eine Anspielung auf die unter Göring stattfindende Masseneinschmelzung von Kirchenglocken für die Rüstungsindustrie – allein in Deutschland ca. 47.000, wie ich las. Nur wenige durften bestehen bleiben.

Aus einer Kabarettsendung: „Ich Melk an der Donau. Du ... Ich Zell am See. Du ... Ich Schwaz in Tirol. Du ... Ich Reit im Winkl. Du ..."

„... Wer zu viel begreift, dem geht das Ewige vorbei ..."
(R. M. Rilke)
Laut Rundfunkmeldung werden weltweit gegenwärtig 5000 Milliarden Dollar für „Bankenrettung" aufgewendet.

„Der Kopf sei kühl, die Füße warm – das macht den besten Doktor arm." Ist mir neulich eingefallen, hab ich aus der Kindheit im Kopf behalten. Ob´s von W. Busch stammt?

Wenn man jung ist, freut man sich, zu seinen Besitztümern was dazuzubekommen, später schaut man eher, dass man was los wird. Mir zumindest ging´s bzw. geht´s so.

Abzug (Verbot) von gewissen Pestiziden: Die EU räumt einen Zeitraum bis 2018 (!) ein.

Neulich irgendwo gelesen: ‚Tua-nia-Tänzer'

Staatsverschuldung USA über 1000 Milliarden Dollar
Wir sind doch alle Menschen oder tun zumindest so.

‚Wer weiß, dass er genug hat, ist reich.' Aus dem Tao Te King (heiliges Buch, das von Laotse stammen soll)

Eine Niere filtert pro Tag ca. 1800 Liter Blut, wie ich neulich einem Vortrag entnahm.

Lernte Mann vom Land kennen, der aus Handwerkerfamilie stammt. Als einziges von mehreren Geschwistern musste er eine Brille tragen. Das genügte, dass die Eltern bestimmten: „Der soll in a Büro." So wurde er Bankmensch.

Bewohner der Augsburger Fuggerhäuschen zahlen nach wie vor ganz wenig. Haben seit jeher die Aufgabe, dreimal pro Tag zu beten.

Spezialschokolade ‚Kandierte Preiselbeeren mit Steinpilzen‘ als Mitbringsel bekommen. Also ich bräuchte sowas nicht.

Rumänisches Sprichwort: „Der Weise lernt aus Fehlern anderer, der Dumme nicht einmal aus den eigenen."

„Lass dich aus der Rolle fallen, damit du aus der Falle rollst." (Psychologe K.)

Kurzform von ‚Die Glocke‘, neulich in Glockengießerei gehört:„Loch in' Boden, Bronze rin, Glocke fertig, bim bim bim."

APRIL

Weißer Sonntag ist, höre ich. Vage Erinnerung an meine Erstkommunion steigt auf, genau genommen eher an das Foto, das mir ganz selten unterkommt, weil ich nur ganz selten Fotos anschau. Da steh ich mit anderen Kindern, blicke fromm in die Kamera, mein glattes Haar gewaltsam in Locken gelegt. Jedes von uns hält mehr oder weniger krampfhaft eine lange weiße, mehr oder aufwendig verzierte Kerze in der Hand.

In unangenehmster Erinnerung ist mir der Gegenstand ‚Brennschere‘, der immer in Aktion trat, wenn ich eine Lockenfrisur haben sollte. Ob das der Wunsch meiner Mutter war oder meiner, weiß ich nimmer. Jedenfalls, die Brennschere konnte – wenn sie zu heiß war bzw. nicht ganz geschickt gehandhabt wurde – zu einer ‚Verbrennschere‘ werden; entweder stanken die angebrannten Haare, oder es hatte ein bissl Kopfhaut dran zu glauben. Vermeintliche Schönheit musste leiden …

Esoterische Zusammenkunft. Wir müssen uns per Weihrauch reinigen. Filmvorführung zu Atlantis. Bin müde und drifte dauernd weg, krieg nicht viel mit. Anschließend Frage-Antwort und Allgemeines; zur Sprache kommt: Existenz von Wichtel. Der Untersberg – Tor ins Erdinnere. Im Erdinneren Pyramiden. Außerirdische längst unter uns. Hitler nicht tot. Ufos unter seiner Ägide (s. ‚Vril‘). Die beiden Erdpole – früher anderswo. Bereits vor Jahrtausenden Atomversuche. Dimensionssprung bevorstehend, ebenso DNA-Stränge von 2 auf 12.

Autobahnstau: Autobahnen nicht mit der Natur vereinbar: Wesenheiten treten in Aktion und beeinträchtigen Verkehrsfluss. Unfallträchtige Tage mit Rettungseinsätzen: Krieger, z. B. aus dem Mittelalter, sind um die Wege ... So sagt es der Seher, der den langen Abend leitet – u. v. a. mehr.

Vorm Gehen frag ich ihn bezüglich meiner Aura, sage, ein Bekannter hat vor einiger Zeit eine dunkle bei mir festgestellt. Er schaut mich an, sieht eine Reihe dunkler Gestalten als mein Gefolge, düstere Ritter. Zu meinen beiden Seiten sieht er jedoch Weiß. Na immerhin.

Jemand hat seine Glatze als Werbefläche versteigert, las ich neulich.

Nanotechnologie in der Nahrung. Zum Beispiel schmeckt – so ist es vorgesehen – eine fortschrittliche Pizza bei soundso viel Grad Erhitzung nach Thunfisch, bei anderer Temperatur nach Salami.

Ausspruch eines Künstlers: Ein Maler und ein Schwein können nach dem Tode nützlich sein.

Spruch auf Wandbehang:
Beklage nie den Morgen, der Müh und Arbeit gibt.
Es ist so schön zu sorgen für Menschen, die man liebt.

„Halte dir jeden Tag 30 Minuten für deine Sorgen frei. In dieser Zeit mache ein Nickerchen." (Abraham Lincoln)

Golfplätze in Portugal. Einer benötigt pro Jahr so viel Wasser wie 3000 Menschen.

ORF, Interview aus Dopingkontrollstelle: „Jeder muss durch den Portier durch ..."

In der Küche zu essen finden manche Leute nicht geschmackvoll. (BK)

Versuch mit gekeimter Mungbohne: Setzte sie in Blumentopf, diesen stellte ich unter tägliche Beobachtung. Enormes Wachstum der Pflänzchenblätter: 2. Juli. Mittag gemessen 1,8 cm, abends 2,0 cm. Am 3.7. früh 2,4 cm, am 4.7. 3,0 cm, am 5.7. 3,5cm!

Aus einer von mir erstellten Liste alter, nun nicht oder kaum mehr benützter Wörter: ‚betropitzt'. Ich versteh darunter verdutzt, betroffen, mieselsüchtig ...
‚rantig' fällt mir ein, weiß jedoch nimmer, was es bedeutet, denke, hat was mit Essen zu tun.
‚Suam': männliches Wesen, nicht der Gescheiteste (?)
‚ruachln': raffen, geizen; ‚ruachlat sein': ein geiziges Wesen haben
‚znepft': seelisch/körperlich betrübt, angeschlagen, kaputt
‚Goder(l)': Kinn, leichtes Doppelkinn; ‚Goderl kratzen': schmeicheln

In japanischen Apotheken gibt es Spezial-CDs zu kaufen, z.B. gegen Stress oder Haarausfall.

Fernsehdokumentation aus den USA; Hunde-Schönheitsoperationen: Wangenimplantate, Hodenvergrößerungen ...

körperlich rein – rein körperlich
in Massen zu genießen – in Maßen zu genießen

Um eine Tasse Kaffee trinken zu können, hat es bis dahin 140 Liter Wasser bedurft.

Sündenfallobst (nicht von mir)

Ein ‚ungeplantes‘ Pflanzgefäß in meiner Wohnung: der Überlauf eines Waschbeckens. Da muss sich beim Spülen meiner diversen Keimlinge (Mungbohnen, Linsen, Kichererbsen etc.) einer in diese Öffnung verirrt haben. Jedenfalls – ein rasch wachsender Trieb war zu beobachten, einige Tage, dann war ihm der Waschbetrieb doch zu krass und Blättchen samt Stiel stellten ihr Wohlbefinden ein.

Dogwalking. Wer hat noch nicht, wer muss noch mal?

Sie: „Sollen wir ein bissl googeln?“ „Ist das was Unanständiges?“, fragt der PC-fremde hoffnungsfroh.

Bei Upperclass(?)-Vernissage. Ungeladen. Aber wir dürfen auch rein in die vornehme riesige Halle. Es herrscht großer Andrang. Die Garderobefräuleins, alle höchstens Größe 36, tragen Handschuhe. Eröffnungsrede der Kuratorin, welche zwei der Künstler präsentiert, das Ganze auf Großbildschirm übertragen. Derweil können die Gäste trinken, soviel sie wollen. Andere Fräuleins, auch Größe 36 und auch sehr nett, bieten ununterbrochen an, unterstützt von freundlichen jungen schlanken Männern. Ich mixe mir eigenständig abenteuerliche Sachen. Mein Begleiter bleibt Purist.

Ich sehe tolle Aspekte, z. B. Kondenswasser in den Fußbodenbeleuchtungsspots, in immer neuen mich faszinierenden Varianten, und bedaure sehr, meinen Fotoapparat nicht mitzuhaben.

Ein großer Vorhang hebt sich, dahinter zeigen sich die Ausstellungsabteile. Wir gehen zu begutachten und zu bewundern, oder – wie mein Begleiter – angeödet zu werden.

Dann gibt´s was zu futtern. Irgendwas mit Meeresfrüchten. Feldfrüchte wär´n mir lieber, aber da gehör ich wahrscheinlich einer Minderheit an. Wie ich zufällig höre, gibt´s auch was ohne Meeresgetier. Da freu ich mich und lass mir dreimal mein Schüsserl füllen. Nachhersüßes gibt´s nicht, aber wir haben noch ein paar Kekserl in einer Manteltasche. Die verspeisen wir dann bei der Bushaltestelle.

Nebenan befindet sich ein Briefkasten. Von der Weite hatte er wie ein Zuckerlautomat ausgeschaut und ich hatte mich – Ausnahmesituation – auf irgendwas draus gefreut. „Du bist soo kindisch", meint mein Begleiter mich rügen zu müssen.

Viel Schnee überall, auch auf dem Briefkasten. Während der Buswartezeit forme ich dort drauf einen Osterhasen mit Hängeohr. So klingt der Abend künstlerisch aus.

MAI

Folgendes Problem hat nichts mit Mai zu tun, es kann ganzjährig auftauchen, falls man sich daran stört: an den Labels in Pullovern, Blusen usw. Was sind das oft nur für kratzige Dinger, die den Hals, die Nackenhaut beleidigen?! Abgesehen davon, dass sich manche bei unvorsichtigem Anziehen bzw. Überstreifen des Kleidungsstücks aufbäumen und jedem mehr oder auch weniger aufmerksamen Betrachter Kunde doch eher unbeabsichtigter Art geben.

Eine kleine feine Schere nehm ich zur Hand und kämpfe an gegen das ungemein stabile Angenähtsein des Einfach- oder auch Doppelschildchens. In Einzelfällen kann es sich so sehr wehren gegen sein Entferntwerden, dass man direkt ein Lückerl hineinschneidet etwa in den schönen Pulli.

Ich denk mir, wenn Blusenknöpfe oder Schirmspeichen nur halb so gut verankert wären wie diese manchmal direkt protzig aufgemachten Hinweise auf Provenienz, so könnte man mehr Freude empfinden mit Gewand und Schirmen, weil die Stichelarbeit entfiele, die sicher auf einen zukommt, wenn man sich nicht dem Heer der Schirmaussetzer und -wegwerfer anschließen möcht.

Eigentlich hab ich noch nie einen Aufschrei irgendwelcher potentieller Leidensgefährten gehört, die malträtierenden Schildchen betreffend. Eigenartig.

Radiosendung über Tauben und ihre Lernfähigkeit, ihre Intelligenz. Die berichtende Taubenexpertin: „... Es gibt welche, die sind Blitzgneißer ..."

Neulich ein Politiker, weiß nimmer welcher: „... von ... gar nicht zu schweigen ... Es gibt Sorge zum Anlass ...“

Irgendwo gesehen/gelesen, Volleyball betreffend. „Lets fetz übers Netz!“

„So manch einer meint, ein gutes Herz zu haben, und hat doch nur schwache Nerven.“
(Marie von Ebner-Eschenbach)

„Nicht alles, was hinkt, ist ein Vergleich.“ Weiß nimmer, von wem.

Kurznotiz in irgendeiner Zeitschrift: „... Das erste Mensch-Tier-Wesen ist in England hergestellt worden. In die entkernte Eizelle einer Kuh wurde der Zellkern einer menschlichen Zelle implantiert. Das auf diese Weise, nach der Dolly-Methode ge-klonte Wesen lebte drei Tage. Es ist ein geklonter Hybrid und enthält in jeder Zelle ein gemischtes Genom aus menschlichen und tierischen Genen. Damit ist erstmals in der Geschichte die Speziesgrenze zwischen Mensch und Tier überschritten worden.“

Mitten in der Stadt stürzte sich ein Falke auf eine Taube und zerfetzte sie.

NELLY MUSS STERBEN

Sie ist dreizehn Jahre alt und ziemlich krank. Noch hegt man Hoffnung, aber das Leiden der Katze – ein bereits einmal operierter Tumor im Kopf – wird immer ausgeprägter. Nun kann sie nicht mehr fressen. Ich bin gebeten, sie zum Tierarzt zu bringen, damit ihrem Leiden ein Ende gemacht wird. Ich bekomme die zu einem Behältnis zusammengebundenen Transportkisten ausgehändigt. Nelly ist zusammengekauert. Ich spüre ihre Wärme zu meinen Händen hinströmen. Ich muss denken: „Bald wird ihr Körper mit dem weichen Fell kalt und starr sein." Es ist später Nachmittag. Ein missmutiger Tierarzt empfängt mich. Er bedeutet mir, den Käfig auf einen Tisch mit Gummimatte zu stellen und ihn aufzubinden. Ich bringe den Auftrag vor. Nelly hat sich aufgesetzt. Der Arzt ergreift sie fester, als es mir notwendig erscheint, spreizt ihr Mäulchen auf. Sie lässt es geschehen. Dann heißt er mich sie festhalten, während er eine Narkosespritze richtet. Ich brauche Nelly nicht zu halten, streichle sie, nenne sie bei ihrem Namen. Sie ist ganz ruhig. Erst als der Arzt zusticht, möchte sie flüchten. Nach dem Einstich packt er sie unvermutet am Nacken, sagt, dass er sie nun in den Nebenraum bringt, und fragt mich, ob ich sie nach der anderen Spritze mitnehmen möchte. Nein. Und auch die Matratze soll hierbleiben. Ab dem Augenblick, da ich die Körperwärme Nellys gespürt habe, kämpfe ich mit den Tränen. Die ganze Zeit keinerlei gutes freundliches Wort des Mannes. Nun sagt er: „Das macht 75 Euro." Ich erschrecke. Man hatte mir nur fünfzig Euro mitgegeben mit den Worten „Das müsste doch reichen." Ich hatte geantwortet: „Ja, das glaub´ ich auch." Zum Glück kann ich den Rest aufbringen. Ich kratze das Geld zusammen und sage: „Ich brauch´ bitte eine Bestätigung." Widerwillig setzt er sich zum Computer und stellt mir eine aus, wobei er sagt: „Ich hab´ mich geirrt, es macht nur dreiundsiebzig."

Ich gebe ihm das Geld, denke ‚hoffentlich wird Nelly nicht noch zum Versuchstier', klappe und binde die Transportkisten zusammen. Dann mache ich mich auf den Weg, hinaus in den eisigen Jännertag. Es ist dunkel, ich kann meine Tränen fließen lassen.

Zuhause betrachte ich den Zettel: ‚... Zweck: Euthanasie. Entsorgung: Magistrat ... Stückzahl: 1 ...'

Der israelische Ministerpräsident A. Sh. ist aus medizinischen Gründen seit Tagen in künstliches Koma versetzt. Die ganze Welt weiß davon. Ihm selbst ist es unbekannt.

ZITRONENBÄUMCHEN

Meine Experimentierfreude macht auch vor Zitronenkernen nicht halt. Ich weiche zwei ein paar Tage ein, dann schlitzte ich sie fein und vorsichtig seitlich auf und band sie mit den Öffnungen aneinander. Den Zwilling setzte ich ein und hab nun ein doppelstämmiges Bäumchen, unkompliziert zu handhaben und inzwischen einen Viertelmeter hoch.

Um 1530 herum soll es einem Konditor in Catania erstmals gelungen sein, künstlich Eis zu erzeugen, aus welchem er Speiseeis bereitete.

1936 herrschte ein noch kälterer Winter als jetzt. Die Niagarafälle waren gefroren.

Als telefonierender Autolenker kann man zum H a n d y cap werden.

PETITESSEN

Aus einem Kalender: „Das größte unerschlossene Gebiet der Erde liegt unter deinem Hut."

Wir steh'n belämmert, sind betroffen – der Vorhang zu, die Fragen offen. B. K. frei nach B. Br.

Staunen = Gegenwart ohne sorgenvollen Blick in die Zukunft.

Ein Vorschulbub fertigte mir auf meinen Wunsch hin einen Bildband (Buch mit selbstgezeichneten und gemalten Bildern) für Altenheimbewohner an. Zum Schluss klebte seine Mutter ein kleines Foto von ihm hinein und sagte, er solle seinen Namen drunterschreiben. Er: „Ach nein, sonst glauben die Leute noch, ich bin ein Künstler."

Ehepaar mit einem unverheirateten Sohn außer Haus und einem Vierbeiner im und ums Haus: „Das ist unser Enkelhund."

In der Tanzschule Anfang der 60er-Jahre. Ich erinnere mich an mein Jackenkleid aus erbärmlich kratzendem Stoff in Pepitamuster, damals quasi der letzte Schrei (!). Schon der Gedanke ans Hineinschlüpfen setzte meine Achselschweißdrüsen in Gang. Später kam dann Aufregungshandschweiß dazu.
Zu der genannten Zeit war ein Nähenlassen durch eine einfache Schneiderin, von denen jede Familie eine gewusst hat, günstiger als ein Neukauf oder zumindest nicht teurer.

In Salzburg gibt's einen Installateur Wassermann, in Aschau am Chiemsee einen Zahnarzt Dr. Mund. Im Kreis Rosenheim kam ich durch eine Ortschaft mit Namen Antwort. Auch einen Ort oder einen Weiler „Frühling" gibt's im Bayerischen, irgendwo hauptstraßenabseits:
Vor vielen Jahren sah ich einmal die Ortshinweistafel aus hohem Schnee ragen. Natürlich hatte ich keinen Fotoapparat mit. Seither muss ich öfters an diesen Richtungsweiser denken, besonders dann, wenn's kalter tiefer Winter ist und ich mich nach dem Frühjahr sehne.

Aus einer Fernsehdokumentation: Eine alte Zirkuslöwin war pensioniert worden, reagierte aber immer unruhig, wenn die noch in Dienst stehenden Artgenossen das gewohnte Programm abspulten. Daraufhin wurde ihr eine arthrosefreundliche Nummer auf den Leib geschneidert.

Angeblich bereits im Jahr 2697 v. Chr. wird in China das Spiel Tsuh-küh erwähnt. Tsuh bedeutet ‚mit dem Fuß spielen', küh steht für Ball.

DONNERSTÄGLICHER MARKT
IM MÄRZ

Bus dorthin gesteckt voll. Eine Frau zu einer anderen: „Im Frühling fahr i manxmoi auf d'Schrauna, nua so schaun; kaufn tua i eigantli goa nix."

„Steign S'ned aus?", zischt mit gefährlichem Unterton eine gewichtige Frau in hellblauem Kostüm einen Mann an, der bei der Bustür steht. „Do, mia steign alle aus!" So betont er auf gut Glück, die anderen Mitfahrenden zu seinen Verbündeten machend. Ich will auch raus, nur so schau´n, auf dem Vorbeiweg in ein anderes Stadtviertel. Ja, ein gutes Sauerkraut möcht ich, knackig-frisch aus dem Holzfassl. Brathendlduftwolken umfangen die dem Bus Entsteigenden. Ich nehme mir vor, den Markt zu umrunden und da und dort einen Abstecher ins Innere zu machen. Handbetriebene Gemüseraffelmaschine. Das hat´s schon in meiner Kindheit gegeben, was hier als neueste Neuigkeit die Kunden in Bewunderung, Staunen und Kauflust versetzen soll; z. B. auf der Wiener Messe. Und die Anpreiserin/ Vor-(Ver-)führerin, auch die scheint sich nicht zu sehr zu unterscheiden von früheren Damen.

Kleiderbürstenabverkauf. Bügelsohle. (‚Leichtes Bügeln') Mein Sauerkraut findet sich. (‚Eigenbau') Neben mir verwechselt ein hausmännlicher Einkäufer Rettich mit Sellerie. „Na, des is a Radi", klärt ihn die Verkäuferin wohlwollend auf. „Nojo, weiß san s' alle!", rechtfertigt sich der Mann. „Deaf i's lassn?" Ein Satz, den man an allen Ecken und Enden hört, wenn sich irgendwo Übergewicht eingestellt hat. Eine alte, immerjunge Dame mit Make-up-Maskengesicht, direkt gruselig ausschauend, studiert Meeresfrüchte. Wild- und Geflügelzeile. Unter vielem anderen wird auf junge, fleischige Suppenhühnerl hingewiesen. Eier in Unmengen, dazwischen Palmkatzerl. „Natürliche Produkte vom Schwein, ohne chem. Hormone!" – „Heute bei mir Spanferkel, zerteilt, frisch und gesurt" – „Brust vom Milchkalb" – „Frische Siebenbürger" – „Lammfleisch aus dem Nationalpark Hohe Tauern" – „Tuat des recht schafeln?", fragt eine potentielle Kundin. „Naa; und die Innerein da san sowieso oiwei neutral." Ein Wundersalbenanpreiser, Typ Alleinunterhalter, in einer Art Trachtenkleidung, bei der die Taschen der Joppe in Manier von Hosentürln erscheinen, solche, wie sie noch an gstandenen Lederhosen zu finden sind und die mich seit Kindertagen an eine Zugbrücke erinnern. Er gewinnt die Umstehenden auf Umwegen: „Wann's da ned passt auf dera Wöd, dann ziagst amoi an Hoizpüdschama an." Unklarheit und Unwissenheit bei den Zuhörern keimt auf. „Kennan S' des? Na? Oiso, des is a Sarg. Und dann legst di vierzehn Tag außi auf'n Friedhof und schaust, wia's da daugt. Und dann kommst gean zruck." Das sieht jeder ein, nua außelegn wiad si so gschwind koana freiwillig, denke ich. Inzwischen tritt von hinten ein älterer Mann heran, der etwas an einen Sandler erinnert. Er streift einen Schuh ab und stellt den Fuß ostentativ auf die Verkaufsbudl. Die Menge harrt gespannt der Dinge, die da noch kommen. Nun zieht er den ehemals weißen Socken aus, sein dezent schmirgelndes Hosenröhrl ein bisschen hoch und entblößt ein rot-blau-braungesprenkeltes Männerbein. Während er diese

Show ab- und das Hosenbein höherzieht, lobt er die Wunder-salbe in den höchsten Tönen. Ohne sie würde er heute nicht mehr gehen können, versichert er. Aus Enns ein Pferdefleisch-hauer. Ich lese das erst dann am Wagenschild, als ich den Leber-käs betrachtet hab, den sich ein paar Leut einverleiben und der in der Konsistenz, aber nicht in der Farbtönung, an einen solchen erinnert. Ich geh schnell weiter, an eine Pferdefleischhauerei in der Steingasse denkend, die – längst nicht mehr existent – mich beim Vorbeigehenmüssen immer etwas schaudern machte und zur Tempobeschleunigung zwang. Ein Berliner zu einer Stand-lerin: „'n paar Tomaten." Dann macht er einen Rückzieher. „Aujenblick noch, muss fraaren, wat meene Frau meint. Die kauft da drübm Eia." Ein Mann aus dem ehemaligen Jugosla-wien, zeigend auf (grüne) Bananen: „Brauchen 100 Kilo; fahren heim heute Nachmittag, 2.00 Uhr. 100 Kilo, zahlen 15 Schil-ling fur Kilo." (Preis ist mit 16.- ÖS angeschrieben.) Pofesen, Bauernkrapfen. Wär ich nicht grad auf Abspecktour, hätte die Bäuerin schnell ein paar weniger. Händlerinnen am Gehsteig/ Straßenrand, ohne Tische und Bankln. Kartontafel: ‚E-Salat' (steht für Endivien). Beim Bruggerbauern gibt's ‚R-Kraut' (steht für Rotkraut). Ökonomie muss sein. Wie's mit der Ökologie steht, das weiß Gott. Bei dem Kombi eines Senzenberger Alois aus Oberweis am Bach (OÖ) findet sich der Hinweis: ‚Obst-Gemüse-Christbäume'. Die Verkäuferin sieht nicht nach Most-schädl aus, eher nach Südostasiatin. Blumenstandln. Dort wo's viele Primeln und Stiefmütterchen gibt, geht ein ganz eigener Geruch weg. Salatpflanzln. Kletzn ‚Gute Luise'. Naturzitronen, 3 Stück ÖS 5,- (superbillig). Spanische Erdbeeren. Dinkelbrot.

‚Das Getreide ist frisch vermahlen'. Der bärtige Mann hinter dem Verkaufstisch sagt ‚vermohlen'. „I bin a Baya", erklärt er gerade einer Käuferin. Hab ich mir gleich gedacht, bei dem so überaus offenen ‚al'. „Und jetzat hamma zwoa Buam, die san österreichisch-bayrisch!" Gehäkelte Eierwärmer. Hübsch bemalte Zier-Ostereier. Honig in diversen Marmeladeglasln. Auf einem Fleischhauerwagen ein Pickerl zeigt die freundlichen Porträts einer Kuh und eines Lamms. Die Tiere bestätigen, bzw. es wird ihnen ins Maul gelegt, dass sie Partner sind von – kann ich leider nicht mehr entziffern, die Partnerschaft dauert offensichtlich schon zu lang. „Woin S' kostn?", krieg ich ein Blatt! durchzogenen Speck beinahe in den Mund gesteckt. „Na, dankscheen", sag ich geschwind, ob dieser – wenn auch freundlichen – Bedrohung meiner gegenwärtigen Abspeck-Bemühungen. Heute ist Weltfrauentag. Vor der Front des Schlosses Mirabell hängt unübersehbar eine blau-rote Banderole. ‚Lieber gleich berechtigt als später', heißt es da. Ein magerer Leierkastenmann lässt ‚Ach ich haaab sie ja nuuur ...' verlauten. ‚Azaleen heute nur ÖS 45 ‚-'. Bei gelben Krokussen kann ich nicht widersteh'n. 1 Stöckl ÖS 20,-. Tierversuchsgegner-Lose werden verkauft. Ein ausgestopfter Hund, auf einem kleinen Podest sitzend, macht dafür Werbung. „Jessas, des is a Zwaara", stößt eine nicht unbeleibte Frau in der Menge angesichts eines sich nahenden Busses nach Maxglan aus und bahnt sich flusspferdartig einen Weg durch bauchige Plastiksackln, Einkaufstaschen und dazugehörige Träger/innen. Während ich immer wieder einmal eine kleine Notiz mache, krieg ich fragende Blicke zugeworfen, sowohl von den Cis- als auch von den Trans-Standlern. Versucht jemand, mir direkt aufs Papierl zu schauen, so drücke ich es schamhaft an mich, höre zu schreiben auf und verstecke den Kuli zwischen Handinnerem und Ärmel. ‚300 Stück reine Knoblauch-Dragees ÖS 150. -‘. Ein kleiner weißer Pudel, dessen Rückenhaut rosa durchs Fell schimmert, steht in Begleitung da und zittert ganz furchtbar. Dabei ist es warm und ich bin auch gar nicht sicher, ob er den Hundekollegen auf dem Podest gesehen hat. ‚Spezialität aus Tirol!: Graukäse‘. In der Bekleidungszeile gibt's Standln mit Röcken und Hauskitteln wie anno dazumal. Oder doch nicht? „Es is grad zum Varrucktwean; warum machen's die net länga?", beklagt sich eine Frau im Gehen bei Passanten. ‚Kashmir-Tücher rutschfest‘, kann man auf einer Hinweistafel lesen. ‚12-Kräuter-Creme‘. Pelzpatschn, Kämme, Haarwickler. Körbe, Pracker, Untersatzln. Schaumrollen in diversen Ausführungen, die größten im Ausmaß von Beinah-Kanalröhren. Dauerhütterl von ‚The Original Sound of Music Tours‘. Der beflissene Tourenhändler erklärt grad einer Gruppe trachtenbehüteter Ausländer irgendwas auf Englisch, wobei das Maß ‚feet‘ vorkommt. Im Vorbeigehen höre ich ‚feets‘, werfe dem Mann einen ein bisschen abschätzigen Blick zu, worauf er sich besinnt und das Wort um den ungehörigen Buchstaben kürzt. Plakat: ‚Sonnenenergie – Wann erwärmen sich die Politiker? Podiumsdiskussion‘ (war schon vorige Woche). Ein anderes Plakat: (Werbung für ein Cola-Getränk). Ein zivilisierter Affe (in Hut und Mantel) versichert: „Da wird man wieder ein Mensch". Im Gedränge bemüht sich ein Pkw bzw. der Insitzende um eine Wendung desselben bzw. des Geschicks bzw. Ungeschicks. Eine Frau sitzt drinnen. Hätt ich mir gleich denken können, denn in ihrer Panik gibt sie Gas für zehn, schaltet und waltet und bremst und hat schon längst alle Umstehenden gegen sich. Ein Mann, offenbar kundig in Umkehrfeinheiten, erbarmt sich und weist sie hin/aus. Nun sind alle erleichtert. Die Gestankwolken verziehen sich und man atmet auf. Ich verlasse den Ort typischen und atypischen Marktgeschehens.

DAS WANDERN IST NICHT NUR DES MÜLLERS LUST. WANDERN ZU BEGINN DES VORIGEN JAHRHUNDERTS

(Ein Zeitbild, zusammengestellt aus z. T. historischen Unterlagen)

Gewandelt wird im Rhythmus der Jahreszeiten das ganze Jahr über, auch im Winter, wo in „heimlichen Nächten die stille weiße Himmelsware des ersten Schnees auf die Welt herabsinkt, wo in der weißen Einsamkeit über heimliche Waldwiesen sich der erste Jauchzer eines beglückten Schneeschuhmenschen in die helle, klare Winterluft schwingt". Im Vorfrühling wird Goethes gedacht, der Frau von Stein berichtet, dass er „im streichenden Februarwind den kommenden Frühling riechen kann". Natürlich sind in der kalten und kälteren Jahreszeit andere Wandervorbereitungen zu treffen als in der wärmeren und Walmen. Gehen tut´s beim Wandern für viele in erster Linie darum, für eine Weile die Welt der Großstadt, der Plakatsäulen, der kinematographischen Theater und der Schaufenster hinter sich zu lassen und dem Dampfsirenengeheul, dem Straßenbahngeklingel, dem „Automobilhupengetute und ähnlichen Errungenschaften aus der Kunst des Sichvernehmlichmachens" zu entkommen. Es geht ums Horchen in die Stille, zu einer Zeit, in der in den Städten „der Kampf gegen die Klaviere auf der ganzen Linie entbrannt" ist, wenn auch noch nicht mit dem wünschenswerten Erfolg. Mit der Zeit wird es auch an einem ernsten Krieg gegen die Grammophone auf den Dörfern nicht fehlen dürfen. Zusätzlich scheint sich eine neue „musikalische Influenza" vorzubereiten, und zwar besonders unter den

Wanderern. Sie ist zwar noch lange nicht so schlimm, aber die Gefahr ist da. Auch darf man Lust verspüren auf Unvorhergesehenes und nach dem Drang zeitweiliger Verrückung des normalen Ablaufs der Dinge. Zur neuen Art der Naturbetrachtung gehört auch das Fotografieren. Von der „Pest" der Zupfinstrumente ist die Rede; angeprangert wird nun auch das „Knipsen". Aus dem Wortklang mag ein Zeitgenosse das „Diebische, Leichtfertige, Elsternhafte" hören, das mit „Stibitzen" gleichzusetzen ist. Es wird beklagt, dass die moderne Technik, welche unter vielem anderen Kameras hervorgebracht hat, Fotografieren möglich macht, und zwar im Massenbetrieb. Das wird als „Trübung künstlerischen Schaffens" gewertet, wobei bildnerisches Talent und Anlagen zum Zeichnen „sehr unterdrückt" werden. Es geht hier um jene fatalen Wanderer, die nichts ungeknipst lassen können und sich „hemmungslos der neuen Naturkleptomanie hingeben". Hier ist nochmals Goethe zu erwähnen, der sich in seinen späteren Jahren manchmal unmutig darüber äußerte, dass zu seiner Zeit „alles gezeichnet" hat.

Allein, oder nicht allein?

Soll man ein-, zwei- oder dreisam wandern oder in Scharen (Horden)? Das ist im Grunde genommen reine Privatsache. Zu beachten ist jedoch: „Nachdem wir noch nicht einmal die Koedukation haben, lässt die Frage des Zusammenwanderns von männlichem und weiblichem Geschlecht als Normalzustand doch auch bei unbegangenen älteren Leuten einige Bedenken aufkommen." Nur die verdächtig Frühreifen und die sogenannten Schmachter sind für die moderne Auffassung und damit für das Zusammenwandern. Dabei besteht die Gefahr, dass die Mädchen durch das sogenannte ritterliche Benehmen der Burschen verwöhnt werden.

Zur Ausrüstung des Wanderers

Sein Kleid ist sein Steckbrief, den er sich – oft ahnungslos – selbst schreibt. Dass es z.B. keine allein seligmachende Unterwäsche gibt, sollte bekannt sein. Es soll jedoch hingewiesen werden auf die leichten Unterbeinkleider für Männer, von denen es neuerdings sehr bequeme gibt, die nur bis an die Knie gehen und die zugleich als Badehose benutzt werden können. Was die Fußfrage betrifft, so kann sie zur Alternative werden: Sein oder Nichtsein. Hier heißt das so viel wie Wandern oder Nichtwandern. „Mancher Jüngling und manche Jungfrau zogen schon aus, um bereits am ersten Tag der Wanderschaft ihr Damaskus zu erleben, d. h. ihre Bekehrung zum einzigen Götzendienst, den der Wanderer mit seinem Körper treiben darf." Die Fußpflege ist das ABC der Wanderkunst und der Wanderschuh ein Erzieher. Die Welt strotzt von tatenlustigen Schulmeistern, die umher suchen, wen sie erziehen könnten. Der Mensch lässt sich jedoch von Jugend an eines seiner größten Vorrechte nicht beschneiden, nämlich, durch höchsteigenen Schaden klug zu werden. Das Wandern ist also in verschiedener Hinsicht eine gute Schule für das Leben.

Aus Angeboten für den Wanderfreund

- Bozener Mäntel und Pelerinen, echt oberbayr. imprägniert - wasserdichter Gebirgsloden Wetterkragen.
- Mars-Band. Laut vielseitiger Anerkennungen erster Sportsleute praktischste und zweckmäßigste Sportsgamasche. Letzte Neuheit! Dauernd selbstelastisch. Unverschiebbarer, eleganter Sitz, beliebtester Verschluss. Wasserdicht.
- Nuxo! Die Proviantfrage ist gelöst. Nussnahrungsmittel aller Art. Aufklärung bereitwilligst.
- Hygiama-Tabletten (fertig zum Gebrauch). Kraftnahrung, ideal für Touristen und Sporttreibende jeder Art. Weder Durst noch Säure verursachend.
- Für Makrobiotiker: Sanitäre Fußschweißblätter. Vornehmstes und sicherstes Mittel der Gegenwart. Hunderte Dankschreiben.
- In keiner Wanderausrüstung fehle Dr. Dessauer´s Touringapotheke. Nach dem Urteil maßgebender Persönlichkeiten die erste wirklich praktische Taschenapotheke. Zigarrenetui-Größe. Leichtfassliche Gebrauchsanweisung. Zahlreiche glänzende Gutachten gratis und franko.
- Für Fotographen: Lichthoffreie Inalo-Viridinplatte für den Amateur und Landschaftler, an der See und im Hochgebirge, in offener Landschaft und im Walde, zur Sommer- und Winterzeit, für Stimmungsbilder bei auf- und untergehender Sonne, für Gletscher- und Schneelandschaften, Wolkenstudien und Aufnahmen aus dem Luftschiff.
- Galilei- und Prismenfeldstecher. Erste Ausführung, höchste Leistung. Extra hell, 6 x Vergrößerung, für Reise, Sport, Militär, Marine, also unentbehrlich für jeden Naturfreund. Bezug durch

alle optischen Handlungen. Durch Patente in allen Kulturstaaten gesetzlich geschützt.

- Schönstes Hausbuch des Wanderfreundes: Die Erde. Eine allgemeinverständliche Geologie von Dr. B. Lindemann. Schilderungsweise allerorts als überaus klar und fesselnd geschätzt.

Das Hotel soundso mit Bädern empfiehlt sich den Herren Touristen auf das Wärmste, wie das Café soundso, das ebenfalls auf elektrische Lichter und Dampfheizung hinweisen kann. Noch einige DEVISEN UND RATSCHLÄGE Unternehmungsfreudiger, die die Menschheit großzügig in zwei Gruppen teilen („Wir, die wandern, und ihr, die andern"):

- Leben sollen wir und streben, nicht kleben!
- Zu den Wogen gehört das Wagen!
- Wir müssen ausziehen aus der stumpfen Behaglichkeit auf gefahrvolle Entdeckungsreisen!
- Lernt hören, ihr Fahrenden! Es gibt viele Sprachen, aber die Muttersprache der Natur wird am seltensten gelernt, und sie ist doch das schönste und leichteste Esperanto! Hinaus in die Ferne, in die Freiheit, in die Sonne, ins Leben!
- Man drille nicht die jugendliche Seele auf ein politisches oder soziales Dogma hin, auf das sie nicht aus freien Stücken schwört, sondern lasse solchen Knospenfrevel!
- Los von dir selbst! (Bei Befolgung dieses Denkspruchs kann man auf eine gesunde Psyche hoffen. Sorgen und Probleme mögen daheimgelassen werden.)

TAUFE

Es werden zwei Taufen zusammengelegt, vielleicht aus Priester-
mangelgründen. Die den Täuflingen anhängenden Familien
sind einander im Prinzip fremd. Allfällige Kontaktierung möglich. Der eine Trupp soll, wie ich irgendwo höre, nicht gerade
kirchennah sein. Der andere ist durchmischt.

Wir sollen musizieren; draußen war's warm, so auch im Auto.
Herinnen in der Kirche ist's unterkühlt. Das spürt man nicht
nur in den Fingern, sondern sieht man auch: Auf einem Tisch-
chen vorm Presbyterium ist u. a. eine mit Wasser gefüllte Glas-
schüssel vorbereitet, aus der Dampf hochsteigt.

Wir dürfen auf vorgerichteten Sitzgelegenheiten Platz nehmen,
der Herr Pfarrer hat sie uns hingestellt. Sie sind fast schemel-
niedrig; was das Design anlangt, scheinen sie einem Wohnzimmer der Fünfzigerjahre zu entstammen. Wie auch immer – wir
sind schon besser gesessen. Aber wir wollen unser Bestes tun.
Allerdings: Wir plagen uns mit dem Stimmen der temperatur-
unterschiedlich ein bisschen beleidigten Instrumente, sollen bereits zum Einzug aufspielen. Ante Kirchenportas scharren die
eintrittswilligen Personen. Na ja, ganz kriegen wir's nicht mehr
hin, dass überirdisch schöne Klänge möglich wären. Aber die
meiste Aufmerksamkeit aller Ankommenden und Anwesenden
gilt ohnehin den zwei männlichen Säuglingen, welche beide mit
dem zweiten Vornamen so heißen wie der Pfarrer mit seinem
ersten.

Die Gruppen haben Platz genommen, jede auf je einer Seite,
säuberlich getrennt. Fürbitten sollen gesprochen werden, ein

Mann liest in rasender Geschwindigkeit, er will offensichtlich so schnell wie möglich wieder zwischen den Gläubigen und Ungläubigen verschwinden. Das Taufen geht still vor sich – die Babys bewahren volle Contenance. Auch bei unserer Musik lassen sie sich sozusagen nichts ankennen.

Manchmal muss der Pfarrer den kleinen Ministranten ein bisschen zurechtrücken, damit er besser in das große schwere Buch schauen kann, das ihm dieser entgegenzuhalten hat. Einmal hören wir: „Im Namen des Vaters und des Heiligen Geistes", da muss er nochmals ansetzen und ,des Sohnes' dazunehmen, wie es sich gehört. Vielleicht irritiert ihn auch, dass die ,Gemeinde' so gut wie nie selbständig Amen sagt dort, wo es sein sollte.

Die Zeremonie ist zu Ende. Der eine Familientrupp verlässt ziemlich schnell Kirche und die anderen Anwesenden. Der Pfarrer ist von den Verbleibenden eingeladen in ein Gasthaus, hat aber keine Zeit. Auch wir sind eingeladen. Wir haben Zeit.

ÜBERSIEDLUNG

Mit jedem Möbelstück, das entfernt wird, ändert sich der Klang der Schritte im Raum.
Und der Klang des neuen Schlüsselbundes wird auch ein anderer sein.

DICHTERISCHES SCHREIBEN

Es tritt in Erscheinung, wenn man in aller Stille was verlauten lässt, wenn man sozusagen leise Laut gibt. Ein Einstieg ist notwendig. Dann geht´s von selber. Manchmal.

RUPERTITAG-BEGINN

Es rengt.
Die Pfeatln ham aufn Domplatz übasiedln miassn.
Sie stengan Spalier. Wos eanane Äpfen und so himachn,
is eana ziemlich wuascht, glaub i.
Übarall am Residenzplatz steht jetz was umadum
einschließlich die Fremdn, die i scho nimma segn ka jetz im
Heabst die Italiena, di allwei so laut redn,
die Deitschn, die nua eanan Kaffe in Kopf ham. Und no gnua
andane.
Wann's schee wa, dadns a no übarallumadumsitzn.
Muasst halt schau´n, dass'd net dauand a Schiamspitzn iagend-
wo einikriagst.
Ringlspü, Rutschbahn, vaschiedane Budn – schaut ganz liab
aus, iagendwia nostalgisch.
Wias a poa Hittln a aufm Altn Markt aufgstöt ham, hab i ma im
eastn Augnblick denkt,
die richtn scho fian Christkindlmarkt hea. Iagendwia hets mi
ned gwundat.
Am Kapitlplatz stengan riesige Wohnwagn, ganz neich, woan
bestimmt ned billig.
Und a Riesnzöt is da, von da Seitn agmalt wia a Bauanhaus.
Da wean d´Leit no vü liaba einigeh.
Die Südamerikana, di e sunst da oft musiziern, machen grad a
Pause.
Aba was tuat denn da so komisch?
Ums Eck sitzt ana mit ana singadn Säg. Er muass ganz sche
umadumsagln.

„Yesterday" spüt a, aba d'Leit intaressiern si ned.

Ea hat a Sonnenbrün auf, dass ma glauben kunnt, ea is blind.

Da in da Nähe is amoi ana gsessn, dea hat total auf blind gmacht und dann hab i´n aufn Fahrradi gsegn.

A Frau fragt an Buam nebn mi a: „Wia geht'sn dein Vada? Sauft a oda lebt a?"

Bei an Hittal töpfat a sogenannta Schau-Handwerka.

A Büromensch wü von eam wissen: „Wüvü Handcrem brauchn S' da in Joa?"

„Goa kane, in Gegnteil, fria hat ma a Sau, die was in Rotlauf ghabt hat, eigram in d' Eadn."

Wiad scho sei. Aba i muass jetz geh.

Die Hohe Zeit der trüben Tage ist vorüber,
die Seelenkälte wärmt nun Eis.
Wer kann, springt über seinen Schatten
und gibt ein Zeichen ... (unfertig)

NEUIGKEITEN

Manchmal hebe ich Tageszeitungen ein Jahr auf, bevor ich sie lese.

Es muss dann nicht auf den Tag genau sein.

Ich spare Zeit, denn ich überfliege die Zeilen – weiß ja inzwischen vieles, das einmal eine Neuigkeit war.

Nebenbei kann ich kokettieren: Was – schon wieder 1 Jahr her.

Oder: 1 Jahr ist das erst her?

HUNDESTUNDEN

Ich habe zwei Hunde zu walken. Dog-Walking. Das Frauerl wird derweil bei den Festspielen sein, dort – hoffentlich – den langen Abend mit vorhergehender Empfangsveranstaltung genießen. Ich hol die zwei ab vom vornehmen Hotel. Freudiges Gewedel in unterschiedlicher Intensität, wegen mir – aus früheren Jahren bekannt – und dem mit mir verbundenen Ausgang, so nehm ich an. Halsbänder um, Leine dran. Sie halten schön still währenddessen. Übergabe von Hundekeksln und kleinen Plastiksackerln für All-Fälliges. Verabschiedung. Wir stiefeln durch die elegante, u. a. mit Säulen versehene Hotelhalle, wo an allen Ecken und Enden Reiche und Schöne stehen und sitzen und small talken. Nur mit großer Mühe und dank einiger Geistesgegenwart kann ich das eine der beiden Hundetiere, welches an einer der vornehmen, von dickem Teppichboden umgebenen Marmorsäulen eines seiner Hinterhaxln hebt, davon abbringen, die Säule zu begießen. Ich tummel mich so sehr, sie an den zusammengefassten Leinen hinauszuzerren, dass ich keine Zeit hab, die Gesichter von eventuellen Beobachtern zu inspizieren. Meine Hauptaufgabe hab ich darin zu sehen, später die Meldung erbringen zu können, dass die beiden Hundetiere gehäufelt haben. Mir kommt überhaupt vor, dass Hundehalter sich doch immerhin einen Teil ihres hundeassistierten Lebens mit dem erfolgreichen Verdauungsvorgang ihres Vierbeiners und den dazugehörenden Begleitumständen zu befassen haben, womit ich mich nun oute als Katzentyp. Da hab ich solche Sorgen nicht. Und dass eine Katze nach einer auch nur kurzen Abwesenheit ihres Menschen so tut, als ob sie ihn tage- oder wochenlang nicht gesehen hätte, kommt nicht vor. Es kann ja ganz nett sein und jemanden aufbauen, wenn hündische Wiedersehensfreude riesig ist, aber ich für meine Person brauch das nicht unbedingt für mein Wohlbefinden.

Ich mag die Selbständigkeit der Katzen. Abgesehen von manch anderem ist auch deren Fellgeruch um einiges besser und das Haarkleid schön weich und kuschelig. Einen Hund halten möchte ich nicht einmal gegen monatliche Alimentezahlung von irgendeiner Seite. Da wär ich mehr angehängt als vielleicht der Hund selbst. Gern schau ich zu, wenn irgendwo irgendwelche Hunde z. B. lustig Fangen spielen oder geschickt eine fliegende Frisbee-Scheibe herabholen oder in einem Weiher vergnügt herumtümpeln.

Meine heutige Hunde-Haltung beschränkt sich auf ein paar Stunden und die heißt es bestmöglich hinter sich zu bringen, wenn´s geht, für alle Beteiligten. Ich hab vor, mich zu bemühen. Wir wenden uns Richtung Grünzone am Fluss. Der Weg dorthin und auch all die kommenden Wege sind sozusagen gepflastert mit enervierendem Markieren seitens des Hundemanns. Sein Reservoir muss unerschöpflich sein. Zusätzlich bzw. vorher liest er die jeweils hinterlassenen mehr oder weniger neuen Nachrichten der Kollegenschaft, der vor ihm vorbeigekommenen Haxlheber. Die Hundeführerin – mit gehangen, mit gefangen – muss sich die Meldungen, ob interessant oder nicht, ebenfalls – wenn auch nur indirekt – zu Gemüte führen.

Die beiden Whiskey-Hunde – ich nenne sie so wegen der Reklame für eine bestimmte Marke dieses Getränks – bilden eine erzwungene, ungeplante Gemeinschaft. Erst war er da, dann kam sie dazu: Ihre Leute hatten sie aus eigenen Altersgründen dem jetzigen Frauerl ausgehändigt und überantwortet. Im Lauf der Zeit wurden die beiden Vierbeiner einander – wiewohl charakterlich sehr different – figurmäßig und auch sonst aussehensmäßig immer ähnlicher. Wie ein altgedientes Ehepaar. Sie ist einige Jahre älter und benimmt sich meist eher gesetzt bzw. gelangweilt wie abgestellte Pferde auf einem Reiterhof. Er kann Mopeds, Motorroller und -räder und manche Autos überhaupt nicht ausstehen. Kommt eins in seine Nähe, dann ist er kaum zu bändigen, kläffend und wutentbrannt stürzt er vorwärts mit einer kaum einzubremsenden Vehemenz seitens des kraftvollen Brustkorbs wie auch der kräftigen und stämmigen Beine. Ich hab alle Hände voll zu tun. Die Leinenschlaufen muss ich ständig fest umkrallt halten, keine Sekunde darf ich lockerlassen, darf ich mich bzw. sie vergessen! Auch manche der Unterwegs-Hunde sind ihm ein gewaltiger Dorn im Auge, wobei die Größe des Gegners keinerlei Rolle spielt: Wir sind wieder ein paar Meter weitergekommen, als ein Bullterrier auftaucht, an der Leine geführt von einer Frau. Mein aggressiver Hundemann und der ebenfalls kaum einer Friedensbewegung angehörende breitköpfige breitschultrige Gegnerhund preschen aufeinander los, dass einem quasi Hören und Sehen vergeht. Was so eine halsbebänderte Hundegurgel alles aushält! Unsereins wäre sicher bald unfähig, weiter die Stimme zu erheben, die Hunde jedoch sind in der Lage, auch in dieser Situation stimmliche Höchstleistungen zu erbringen, was, wie ich trotz allen Gefordertseins bemerke, manche Passanten neugierig bis vorwurfsvoll dreinschauen und manche direkt die Flucht ergreifen lässt.

Der Pitbull erweist sich als fast nicht zu bändigen, er zerrt seine Hunde-Halterin Richtung Feind, mein Scotchie verfährt mit mir ebenso. Auch ich zerre, was geht, halt in der anderen Richtung. Schon setzt der bullige Pitbull an, mit blutrünstigem Blick seine Fletschzähne dem Nacken des Kontrahenten einzuverleiben. Ich kann letzteren in letzter Sekunde per Leine Richtung abschüssiges Flussufer reißen, in derselben Zeit kann die Pitbullfrau den Amoklauf ihres Lieblings doch noch stoppen.

Wahrscheinlich habe nicht nur ich einigermaßen Herzklopfen. Hoffentlich nicht noch so eine Begegnung, denke ich. Einen toten Hund statt eines lebendigen übergeben zu müssen: so was wie ein Alptraum. Wir gehen weiter. Auf einem Parkplatz sticht mir ein Auto mit der Aufschrift Dog Coaching ins Auge. Hund coacht Mensch, oder umgekehrt?

Alle paar Meter stoppt mein Hundemann, schnüffelt, brummt was vor sich hin, kratzt Schotter oder Gras mit den Hinterbeinen nach hinten, dass die Fetzen fliegen. Muss mich in meinen Sandalen jeweils rasch beiseitebringen.

Ich denke, dass diese offensichtlich überschüssige Dogpower irgendwie kanalisiert gehörte. In anderem Zusammenhang hab ich vor Jahren gedanklich ein Hundelautkraftwerk geschaffen, welches jedoch nie über dieses Erststadium hinausgekommen ist.

Irgendwann bringt eines der beiden Hundetiere eine Häufelung zusammen, die ich körperwarm versuche, geschickt einzusackln. (Der andere Hund wird das den ganzen Abend nicht zustande bringen, trotz stundenlangen Abgrasens der Grünflächen. Da hat man dann zum Schluss direkt ein schlechtes Gewissen, obwohl man ja wirklich nichts dafürkann.)

Ich will weitergehen, der erfolgreiche Hund verharrt in Sitzhaltung und blickt unverwandt zu mir auf. Da erinnere ich mich; das Frauerl hatte gesagt: Nach der Geschäftsverrichtung gibt´s ein Keksl zur Belohnung (!). Ich bemühe mich, eins rauszufischen aus meinem Rucksackl, und geb´s ihm. Der andere Hund schaut zugleich begierig und leidend drein. Was bleibt mir also übrig ...

Meinen Fotoapparat hab ich mit, die Hunde-Eignerin hatte den Wunsch nach einem Abbild ihrer zwei geäußert. Ich halte Ausschau nach einem geeigneten Festhalter der beiden, da sitzt auf einem Bankl ein Mann und lächelt sowohl mich als auch die Hundetiere freundlich an. Zusätzlich macht er eine einladende Handbewegung, doch neben ihm Platz zu nehmen auf der sonst noch freien Uferbank. Ich denke: Das ist der Richtige, die beiden zu halten. Er tut´s, ich knipse, dann setz ich mich kurz neben ihn. Der edel aussehende Inder trägt einen weißen Turban und macht mir umgehend ein mehr oder weniger unedles, sprich unsittliches Angebot, indem er mich fragt, ob ich ,es' schon mal mit einem Inder probiert hätte. Er weist auf seine bemerkenswerte Manneskraft hin. Vor Verblüffung muss ich lachen. Er wirkt sichtlich enttäuscht. Ich verabschiede mich.

Am nächsten Tag erzähl ich meiner Freundin von dieser Begegnung. ,,Sowas hätt er gar nicht dürfen als Sikh", sagt sie.

Irgendwo setz ich mich dann allein auf ein Bankl. Der eine Hund legt sich hin zu meinen Füßen, der andere sitzt auf dem

Boden und schaut mir ins Gesicht. Daraufhin spiel ich mit ihm das Spiel: Wer kann dem Blick des anderen länger standhalten? Ich fixiere seine Augen mit den meinen, wir verziehen beide keine Miene. Ich muss bei dem Anblick seiner wachen dunklen Augen denken: ‚Was weißt du alles, was ich nicht weiß?‘ Ich habe nämlich erst kürzlich in einem Buch gelesen von der angeblichen Weisheit der Tiere. So schauen wir eine Zeitlang, beenden dann das Blicken zeitgleich. Kurz vor Schluss perpendikelt er, bisher regungslos, ganz kurz mit dem Schwanz, einmal hin und einmal her.

Ein anderer kleinerer Hund, versehen zwar mit Halsband, jedoch ohne Führung, kommt des Wegs, bleibt verunsichert in einiger Entfernung stehen. Mein Augenblick-Hund steht auf und fixiert ihn wortlos, worauf der andere seinen Kopf etwas zur Seite dreht, seinen Standort nicht ändernd. So bleiben beide eine Weile starr stehen, dann tritt der Fremdling unter strenger Blickvermeidung den Rückzug an. Für mich ein lachen machendes Schauspiel.

Es kommt die Nachtzeit, wo ich meine beiden Schützlinge zurückbringe ins Hotelzimmer. Ich bin schwer erleichtert, sie wieder unter Dach und Fach zu haben. Das Frauerl wird demnächst einmal auftauchen. Ich muss schaun, dass ich noch einen Bus zum Heimfahrn erwisch.

UNERSÄTTLICH

Auf meine älteren Tage, da bin ich, da werde ich unersättlich.
Im Hunger war ich bisher gesättigt, wusste nicht, wonach ich
hungerte, und nicht, was mich satt gemacht hat.

Nun, auf meine älteren Tage, ist so vieles anders.
Die frühen Jahre sind verflogen, sind zerstoben,
mir zwischen den Fingern verronnen wie geweinte und un-
geweinte Tränen.

Nun, auf meine älteren Tage, könnte ich späte Ausschau halten
nach nie Dagewesenem in meinem Leben. Aber es ist nicht
nötig:
Das Lebendige klopft täglich an und ich lasse es ein,
um mich darauf einzulassen, den Unbillen zum Trotz,
die das Verschwinden der Jahre – Hand in Hand mit der
Zunahme meiner Lebensjahre – doch so mit sich bringt.

Ich will es nicht hören, das Pochen an der Tür des Schmerzes!
Kommt, ihr Abenteuer, kommt zahlreich – ich will euch alle
bestehen,
um jung und unreif aus euch hervorzugehen.
So möchte ich es halten, solange graugrüner Star und dunkel
leuchtende Arthritis von mir fern sind.

AUFZEICHNUNGEN UND NIEDERSCHRIFTEN

Soziale Geburtstagsfeier mit/für das alte Frl. M. in dem schönen alten Bürgerhaus. Sie (es) stopft enorm viel Kuchen und Torte in sich hinein (noch mehr als ich). Dann zückt sie aus ihrem Plastiksackl einen kleinen pünktlichen Wecker und stellt ihn auf den Tisch, anschließend kommt ihr Radioapparat zum Vorschein.

Die Evangeliumsrundfunksendung liegt bereits in der Luft. Man versucht in der Runde, sich abzuseilen. Ich bleibe: Noch lächelt Erdbeertorte aus der Tischmitte und gleißt Schlagobers aus verschieden postierten Schälchen. Auch mache ich Frl. M. ein Geburtstagsgeschenk mehr, wenn ich ausharre.

Das alte Frl. R. erzählt noch rasch und zeitausfüllend von ihren Klopfgeistern, die alte Mutter der Gastgeberin kichert (Frl. R. hört schwer), die noch verbliebenen Damen nicken verständnisvoll. Dann muss geschwiegen werden. Der Evangelist fängt an zu evangelisieren. Irgendwo, irgendwann lässt er den Satz fallen „... Jesus wird dich auf seinen Armen tragen". Frl. N., regungslos, lautlos, kann sich ein sinnlich (?) sehnliches ‚Mmmmmh' nicht verkneifen.

Zeitbombe – Unzeitbombe. Rechtzeitig für die einen, immer zur Unzeit für die anderen.

Ausflug mit Cz. aufs Land. Wir gehen dort in ein Geschäft, wollen Verschiedenes einkaufen. Es gibt nur Lebensmittel. Ich hatte vorgehabt, mir einen Slip zu kaufen, in einem Kaufhaus. „Da gibt es nicht das, was ich suche." – „Was möchtest du denn?" – „Ich bräuchte ein Geschäft mit textilem Geschehen." – „Das klingt direkt literarisch. Und was suchst du?" – „Einen Slip." – „Das ist ja beinahe aufregend."

Was macht man mit einem Apfelwurm, dem man auf die Spur (auf die Schliche) gekommen ist? Wie geht sein Leben weiter, wenn man es ihm lässt, indem man ihn nicht (un)absichtlich mitisst? Lohnt sich für ihn seine Weiterexistenz, herausgerissen aus der gewohnten Umgebung? Er wird sich diese Frage nie stellen. Das gehört zum Inhumanen an ihm.

Lass uns einmal gemeinsam eine Lichtpause machen.

Als Endlückenbüßer bei einer Radioübertragung eines der moments musicaux. Schon nach wenigen Takten kommen mir die Tränen. Im Grund genommen genügt schon der Gedanke an eine dieser Schubertschöpfungen.

Spät aus L. zurückgekommen, genaugenommen in der Früh, noch genauer in der Nacht. H. war auf (obwohl ich ihm Vanillepudding und Zettel mit Hinweis hinterlassen habe, dass es länger dauern wird) und schimpfte. „Wir haben gesungen und Früchtebrot gegessen", sagte ich. „Wer weiß, was ihr sonst noch alles gemacht habt", sagte er. Dann spielte ich ihm die Madrigale vor, die wir aufgenommen hatten. (Endlich waren wir wieder einmal ein Quartett gewesen.) Er beruhigte sich.

Ich war noch etwas aufgewühlt, da ich den dreien von meinen Lieblingsgesängen aufoktroyiert hatte und mir einzelne Passagen nicht so schnell aus dem Kopf gingen.

2. 9. Sommer-Festspiel-Ende / Domplatz. Der Jedermann wird verpackt, d.h. Bühne und Bänke werden abgebaut und abtransportiert. Pferdeurin weht um die Ecke, d.h. sein Duft. Menschenmassen strömen dahin und dorthin. Be/entfremden sie mir die Stadt?

4. 9. Der gegenwärtige Zukunftsprofessor R. J. – er steht in dem Papiergeschäft neben mir – wird immer kleiner. Seine Augen tränen (nur aus Altersgründen?).

Fahre rechts und scheue niemals.

Es geht furchtbar zu auf der Welt. Naturkatastrophen. Kunstkatastrophen.

Briefanschrift: Frau; Herr.
Frauchen; Herrchen. Frauerl; Herrl. (Hund)
Über-Rede: Die Dame; der Herr.

Aufzeichnungen machen, schreiben, Identität finden. Identität mit wem? Mit sich selber? Wer ist man? (die uralte Frage)

Gestern wieder lange vor Telefonzelle gewartet. Drinnen ein Mann, der nicht mit Einzelschillingen, sondern mit großen

Münzen agiert, bzw. die Telefonleitung agieren lässt. Wie betreibe ich Psychoterror? Manche Telefonierer starren auf einen Fleck, manche lassen ihren Blick wandern; die Weicheren sparen den Gegenblick des Außenseiters aus, die Hartgesottenen erwidern ihn, der bittend oder drohend, jedoch kaum gleichgültig ist. Eine (ungeplante, unbewusste) Blickerwiderung von innen heraus kann jedoch auch bei solchen Telefonanten erfolgen, die gerade ein Gespräch führen, das sie vor Glück immun macht für Äußerlichkeiten, wie du gerade eine bist, der du dich ante portas befindest.

Ich komme vielleicht in einem Dachboden zu wohnen. Noch ist er roh. Gedankenmache über Katzenzutritt. H. hat neulich jemanden über einen Katzenpaternoster erzählen gehört.

Reagan hat Krebs. Es geht ihm gut. Fünf Jahre gibt man ihm noch, ärztlicherseits. In den Medien wird sein Dickdarmgeschwür genau beschrieben. Keep smiling. Peep smiling.

Neulich wieder Musizieren im Bayerischen. Auf einer Hausbank unter einem Birnbaum an einem warmen Sommerabend. Eine alte Bäuerin kommt noch hinzu, eine Ziehharmonika spielende Sonderlingsfrau. Repertoire zehn oder elf Stücke. Inklusive Pausen bringt sie es nach eigener Aussage auf eine halbe Stunde, ohne sich zu wiederholen; hat sich das Spielen im Alter selbst beigebracht; wie weit sie die umwohnenden Anlieger nervt, weiß ich nicht. Sie erzählt aus ihrer Kindheit: Die Mutter hat schon etliche Kinder gehabt, da ist sie mit ihrer

Zwillingsschwester auf die Welt gekommen. Kurz nach der Geburt wurden sie einmal auf die Ofenbank gelegt, man hatte vorher jemanden eingeladen, der ersucht wurde, sich eines von den Dirndln auszusuchen. „I bin froh, dass s' die andane gnomma ham und i dahoam bliem bin. Mei Schwesta hat so vü Schlaftee kriagt, dass s' dumm worn is."

Ein Bekannter erzählt, dass ein Bekannter von ihm (Arzt) per Post eine Blechbüchse bekommen hat, in der sich angeblich die Asche eines seiner Söhne befindet. Als Drogensüchtiger ist dieser vor einiger Zeit nach Indien gereist.

Mir ist kalt. E. meint, ein Burn-out-Syndrom an mir konstatieren zu müssen.

Im Bus. Draußen ist ein hahnenkopfteilrasierter Punker zu sehen. Eine alte Frau spricht ihre junge Sitznachbarin an: „Gfallt Ihna des, Freilein?" – „Ned bsondas." – „Schad um die Jugend, wei's eh so schnö voabei is."

Kürzlich zu G. in sein Haus. Beide Eingangstüren stehen offen. Ich trete ein und frage, ob ich zumachen soll. „Nein" – „Aber da kommt dann jemand rein." – „Nein, es kommt niemand rein, das ist ja das Traurige."

Doppeldeutiges, -bödiges, -züngiges – hält/sitzt besser.

An einen anderen Ort ziehen, wo sich eine Uni befindet: kein Fernstudium.

Jede Ähnlichkeit mit … ist rein hinfällig. Wie alles im Leben.

Bin wieder zu einem kleinen Nebenverdienst gelangt durch Stricken. Ein Paar Socken als Auftragswerk.

Angina temporis (leider nicht meine Schöpfung)

Manchmal empfinde ich Platzangst in der Zeit.

H. und ich. Wir sind so verschieden. Wir sind einander so ähnlich. Das ist das Schlechte. Habe noch den Armenhausgeruch von meinen diversen Besuchen heute auf/an/in mir hängen, sogar im Manteltaschentaschentuch. Konglomerat aus altverwendetem Speisefett tierischer Provenienz, Nikotin, second/third-body-Kleidern, Arbeitslosenschweiß.

Es ist spät. Ich will dennoch noch an meiner Witzesammlung Hand anlegen. Ferngesehen habe ich ein-, zweimal in den letzten Monaten. Neulich ein Billy-Wilder-Film. Ich lache so gerne Tränen.

Wahlonkel: Nepotismus – wenn auch nicht unbedingt in Reinkultur.

Wie in jedem Winter gibt es faulende Äpfel. Man isst die schlecht werdenden und kommt auf diese Art nie zu einem, der noch gut ist. Das hat schon die I. B. gestört. Als sie noch am Leben war – naturgemäß, würde Th. B. sagen.

F. scheint dem Typ Mann zugehörig zu sein, der eine Frau eher links liegen als links gehen ließe.

Manche Bekannt- oder Freundschaft existiert, die sich mühsam dahinschleppt. Dennoch ist niemand bereit, den Anfang vom Ende zu machen.

Er hatte einen Disput mit seiner Gitarre. Nach einiger Zeit gelang es ihm, sie umzustimmen.

„Könnten Sie bitte ein paar Worte zu dem Thema ... suchen, finden und dann verlieren?"

An der Bushaltestelle war es so zugig.
Stillstes Strengschweigen bewahren.
Der eine hat eine Pumphose an, der andere eine Spendierhose.
Der eine ist verantwortlich, der andere unverantwortlich.

„Wie ich deinen unausgesprochenen Worten entnehme, bist du mir nicht mehr böse wegen ..."

Wenn ich ein Buch schreiben würde über ... Es würde heißen: „Meine Freundin Birgitta" Untertitel: „Ein starkes Stück."

„Eulalia und der Stress" (oder so ähnlich). Eine Abhandlung: Wie ich einem Nachschlagewerk entnehme, hat sich auch die Geologie des Stresses bemächtigt: Was dort einseitig bedrückt, wird so genannt. Ich bin aus Fleisch und Blut, und wenn ich gestresst bin, dann häufig mehr als aus einer einzigen Richtung. Was die schöne Lalia angeht, so ist sie weder aus Erde noch befindet sie sich fleischlich auf derselben. Aber ich möchte sie mit Stress in Zusammenhang bringen. Würde sie auf der Welt sein, würde ich mich darum nicht zu kümmern brauchen. Der Stress kommt ja ganz von selber, sei es jetzt der Eu- oder Dis-. Bei mir persönlich herrscht momentan der Dis- vor. Und bei der schönen Vorgenannten? Ich weiß es noch nicht. Erst muss ich mich noch fragen, was die Menschheit vor Inbetriebnahme des Stresses unternommen hat. Und dass man sowohl eu- als auch disgestresst sein kann (eher hintereinander als nebeneinander), das weiß man seit noch gar nicht so langer Zeit. Was die Schöne, Gute, Reiche betrifft, so könnte ich mir vorstellen, dass sie sich in keinerlei Stress befindet, solange sie sich mit Eubiotik befasst und der Eubulie frönt, wobei sie auf Eucain völlig verzichten kann. Vielleicht gelingt es ihr auch so, in eine gewisse Eudämonie zu versinken. Disstressisch kann es werden, wenn sich dieses Weib im Zuge von Umweltverschmutzungsrückgängigmachungsversuchen einbildet, Luftgütemessungen vornehmen zu sollen, und ihr – sagen wir – das Glasröhrchen des Eudiometers kaputtgeht. Ganz danebengehen könnte es, wenn etwa das Eucarbon keinerlei Wirkung zeigt, das einzunehmen sie sich gezwungen sah, bevor sie aus dem Haus ging. Ihre Eudoxie muss jedoch deswegen noch lange nicht verlorengehen. Und wenn sie Glück hat, kann sie mit Euergie wie gehabt an Eugenik herangehen. Als Gutaussehende verfügt sie über Eugnathie. Eukrasie wird ihr niemand absprechen.

Soviel mir jetzt schon klar ist, bedient sie sich keiner Euphemismen, das hat sie, die mit Euphonie Ausgestattete, nicht notwendig. Sie benötigt auch keinerlei Euphorie, um was im Garten zu tun, etwa Euphorbien zu pflanzen. Soviel ich von Garteneigentümern weiß, kann man beim einschlägigen Werkeln in vernünftigem Rahmen durchaus die Balance halten zwischen Eu- und Dis-, man lebt, ohne zu stark nach einer Richtung hin auszuschlagen, und engt dabei die Möglichkeit irgendeines Infarkts ein. Ich als Besitzerin nur eines Grabhügels (Eigentümer kann man, glaub ich, erst werden, wenn man darunterliegt; dafür muss man dann nichts mehr zahlen) kann da nicht recht mitreden. Das wäre aber auch nicht der Sinn der Sache. Schließlich geht es immer noch um Eulalia. Ihr ist meist Eupnoe eigen, während ich das von mir im Moment nicht behaupten kann, da mir die Eustachische Röhre wehtut, trotz vergangener Eutokie und noch andauernder Eutopie sowie Eutrophie. All das ist für die Gute, Wohle selbstverständlich, wie ich neidisch einsehen muss. Ein von mir geschaffenes Wesen, das mir in so kurzer Zeit entglitten ist. Den Stress, den ich ihr zugedacht habe, addiere ich zu dem meinigen. Wenn es gar zu arg wird – wenn z.B. jemand von mir wissen will, was jedes einzelne der Mehr- oder Wenigerschönwörter bedeutet –, hoffe ich auf einen schönen Tod. Bittet für meine darauffolgende Euthymie.

Am Abend allein in die O.-Kirche. Zur Darbietung der angeblich ältesten mehrstimmigen Messe (hatte einen Bekannten, der blöderweise von manisch wieder in depressiv abgeglitten war, gefragt, ob er Lust auf eine Totenmesse hätte. Nein / eher nicht). Weiters von zwei Uraufführungen, komponiert im dritten Drittel des letzten Jahrhunderts. Das G.-Ensemble ist am Werk, wie immer unter der Führung der kantig-zarten herbmännlichen M. G., welche sich wie immer in langer Hose mit weitem Schlag (der Mode einige Jahre nachhinkend bzw. voraus seiend) und im grauen Riesenpullover befindet. Ihre Mannen – zum Teil – wirklich ganz phantastisch falsettierend, hat sie wie immer gut im Griff. Ich bin früh erschienen, um einen Platz aussuchen zu können. Die Freiwilligenkasse ist noch nicht aufgebaut. Kann nichts dafür.

Starke Rückenschmerzen veranlassen mich, ein bisschen zu knien. Vor mir auf dem alten Gestühl ein altes Täfelchen mit Platzhinweis ‚Ehrwürdige Kreuzschwestern‘. Aber nicht nur deshalb könnte ich scheinheilig erscheinen. Die Kirche füllt sich, auch auf die Seitenaltarstufen setzen sich Leute nieder. Mehr oder weniger offiziell werden Mikrophone verbreitet. Der Stuck der Kirchendecke und -wände (hellgrün auf weißem Untergrund) erinnert mich immer wieder an Gorgonzola. Die Totenmesse ist unsterblich schön. Wirklich. Das eine Zeitgenössische muss wegen Erkrankung eines Zuständigen entfallen (Aufatmen meinerseits), wird jedoch ersetzt durch etwas anderes Neues (Schnaufen meinerseits), ein bisschen Älteres (schnauf?): Variationen zu einem Thema (wozu sonst?). Entsetzlich, wie viele „Einfälle" der Mann gehabt hat, wie endlos er die in Beschlag genommene Melodie umwirbt, ummantelt, ihre Töne im Puzzle zusammensetzt und wieder verwirrt. Es scheint nicht aufzuhören. Dann – die Kälte kriecht mir die Beine hoch, ich fröstle vor mich hin – ein mächtiger dissonanter Schlussakkord

– es ist überstanden. Nein, der Clou ist – es geht nun weiter. Und als ich schon nicht mehr an ein mögliches Ende denke, da ist es aus. So ein Schauspieler, der Komponist. Das andere Zeitgenössische dauert für meinen Geschmack auch zu lange. Der Sängersolist gibt sich große Mühe, er artikuliert sehr deutlich, so sehr, dass ich mich auf das Wort konzentriere und nicht auf die Musik. Aber wie lange ist ein Mensch imstande, sich zu konzentrieren? Noch dazu, wenn´s kalt ist?! Ich wünsche mir nichts so sehr als ein Paar Wollsocken und ein Fine. Hoffnung auf Erfüllung letzteren Wunsches ist nicht ganz unberechtigt, weil die Bläser nun ihre Instrumente absetzen und der Sänger schweigend in sich geht. Mit geschlossenen Augen. Und in Stiefeln. Ich schließe ebenfalls die Augen und spitze die Ohren, ob sich in der Zuhörerschaft was tut (Fortgehen und so), aber nein. Der Sänger hat seine Lunge wieder bis ins letzte Bläschen aufgefüllt, die Bläser haben sich der Posaunenspucke erfolgreich entledigt und ihre Instrumente wieder in Anschlag gebracht. Um nicht als Banause dazusitzen oder dazustehen, verharre ich regungslos. Zeit habe ich ja noch, um zu meinem Zug zu gelangen. Heute sitze ich eben in einem kirchlichen und nicht in einem bahnhöflichen Wartesaal.

Im Altenheim. Es ist kurz nach sechs Uhr. Ich möchte noch bei Herrn B. vorbeischauen. Im Gang begegne ich der diensthabenden Schwester. Sie will nicht, dass ich noch in das Zimmer hineingehe: „Die Leute sind schon alle eingeschläfert.“

„Bitte sammle mich, ich bin so zerstreut.“

Witze erzählt bekommen. Um den springenden Punkt nicht zu versäumen, lacht man sozusagen präventiv – zu früh, dazwischen ... Mir geht es jedenfalls manchmal so.

Zu Besuch beim internierten schizophrenen gefürchteten Belächelten. Er hat keine Angehörigen, welche ihm die Ehre geben (können). Der Psychowärter holt ihn heraus aus der Gruppe anwesender Abwesender, geduldiger Fensterklopfer, Türschnallenrüttler, unruhig Wandernder, Grimassenschneider, physisch und psychisch Verbogener, Gekrümmter. Herr I. strahlt. Er erzählt, lässt sich erzählen. Das Problem, das er zur Zeit für aktuell ansieht: die übergroße Kragenweite (er hat enorm zugenommen). Ich rate ihm, für später, zu Pullovern, er besteht auf Hemd. Zur Zeit trägt er braunproblemlose Anstaltsjacke. Ich biete ihm Nüsse zum Knabbern an. Er muss verweigern: Sein Kunstgebiss kann nicht mitmachen, wie er erläutert: Es stammt von einem Vorbeißer, er ist der Zweitbesitzer. Abgesehen von der eigenständigen Passform wurde es durch den bejahrten Erstdrittgebissbenutzer ziemlich abgestumpft, ein Zurechtschleifenlassen kam noch nicht zustande.

Die Zugfahrten. Oftmals gebrauche ich die Zeit zum Vor- und Nachdenken. Ob man sie dadurch nutzt?

Sommerbadetag an einem kleinen Moorsee. Blaugrüne Libellen tanzen im Flimmern der Hitzeluft. Die Buchen stehen still. Auf der Uferpromenade tragen – zumeist – ältere Semester ihre Bäuche spazieren. Ein weißmähniger dunkelgebräunter muskel-

spielender Durchtrainierter lässt seinen Goldbügelrandlos-brillenadlerblick in die Runde schweifen, der an der einzigen Obenohnebadefee hängen bleibt, begehrlich-strafend. Kinder bekommen Getränkealubüchsen (zum Dreifachpreis vom hiesigen Buffet) und später ihre Schwimmflügel verpasst. Der greinende Kleine ist mit nichts zu beruhigen. Seine Mutter wird immer nervöser, noch dazu, wo auch das komplizierte Strickmuster Schwierigkeiten bereitet und der Vater/Ehemann die Aufforderung von sich gibt, diesen Mist endlich in den See zu schmeißen. Eine homogene Gruppe von qualmenden Jungmännern begutachtet auf mehr oder weniger vornehme Art eine homogene Gruppe von ebenso qualmenden Jungfrauen (Mädchen). Bei nur grobem Hinblicken unterscheiden sich die Burschen untereinander nur durch diversen Bräunungsgrad und diverse Zigarettenmarken. Die Weiblichkeit ebenso. Hinter einer Eiche sitzt angehängt ein verbotener Hund. Es ist ihm offensichtlich völlig klar, dass sein Aufenthalt
hier inoffiziell ist. Er schweigt. Transistorgedudel, Rufe, Kinderweinen, Gelächter der Einheimischen und Urlauber zu Wasser und zu Lande verschmelzen zu einer einschläfernden Einheit. Ich döse ein wenig. Später gehe ich den einsamen Moorweg, vom Fremdenverkehrsverband angelegt. Die glühenden Bretter brennen unter meinen Fußsohlen. Manchmal verlasse ich mit einem Bein den heißen, jedoch schützenden Weg, steige ins nachgebende Moor, will erproben, wie tief es hinuntergeht. Manchmal grundlos tief, scheint mir.
Ein paar Nonnenfalter sind unterwegs, in den kleinen Tümpeln jagen einander Wasserflöhe. Vereinzelt ist noch blühendes

Knabenkraut zu sehen. Moosbeeren setzen zur Reife an. In dem an das Moor anschließenden Wäldchen lege ich mich auf eine Bank und schaue zu den Wipfeln hoch. Die naturgeschützten Nadelbäume in diesem naturgeschützten Gebiet raunen, während sie sich seit geraumer Zeit zum Sterben zurechtmachen: „Wir sind sauer." (Auf die Menschen, soviel ich verstehe.)

Der alte Herr A. erzählt mir ein Geschichtl aus dem Ersten Weltkrieg. Er war in Tirol stationiert, in den Bergen. Sonntagsmesse im Dorf. Der Pfarrer kommt zum Ende „Gelobt sei Jesus Christus" und steigt von der Kanzel. Da fällt ihm noch was ein. Er steigt nochmal hinauf, um die anwesenden Mädchen zu warnen: „Gitschn, hebt's enk die Büglbretta vir, d' Kaisajäga seind im Dorf. Gelobt sei Jesus Christus."

P., die junge Ärztin aus gräflichen Kreisen, hat alle Hände voll zu tun mit den Vorbereitungen zu dem großen Wohltätigkeitsball. Die Einladungen an Hoch- und anderen Adel müssen verschickt, zuvor jedoch die inzwischen angefallenen Leichen aus dem Karteikasten entfernt werden.

Daunenfüllfederung.

Vor mir geht jemand mit laut knarrenden Schuhen. In meiner Kindheit war mir dieses Geräusch der Inbegriff von Vornehmheit. Ich beneidete jeden, welcher in der Lage war, mit seiner Fußbekleidung zu knarren. Mir gelang dies nie.

In einem Wartezimmer. Eine noch nicht genügend adaptierte Jugoslawin kommt hinzu. Ablehnungssolidaritätssuchender Blick einer blonden Hiesigen.

Wieder ins Altenheim. Fast immer sitzt der notorische Handküsser in dem einen Vorraum, durch den ich hindurchmuss. Auch auf dem Rückzug entkomme ich ihm nicht.

Nach vielen Jahren treuer Trägerschaft ist mein Drahtesel nun alt und klapprig, jedoch immer noch fahrbereit. Ein Radlmacher hatte nur das Wort ‚Schrott‘ bereit. Sträubung meinerseits. Ich verabreiche meinem Gefährt(en) eine hoffentlich nicht letzte Ölung.

Staubhäufchen auf dem Boden (vor dem jeweiligen Staubsaugermanöver) – immer an denselben Stellen. Mit der Zeit weiß man, woher der Wind weht.

Das ersehnte und gefürchtete Große Fest steht bevor. Alle Zeitrechnung und -einteilung bei allen Leuten geht nun davon aus: vor Weihnachten oder nach Weihnachten. Vor dem Altenheim tut sich was auf dem Parkplatz. Es ist Advent. Da muss man.

21.12. Angeblich werden die Tage nun wieder länger.

Um drei viertel zwölf in einem Amtsgebäude. Die amtsmüden Amtsmenschen – mit und ohne Ärmelschonermentalität – beginnen ihren Packlsuppen und Flockenpürees und mikrowellenerwärmten Puddingfleischportionen zuzustreben, sofern nicht mit Leberkässemmel (zwischendurch besorgt oder besorgen lassen habend) ausgestattet oder Bio auf Gemüsecocktail in der Naturkoststube aus.

Sechs ausgezehrte Altfrauenkörper in sechs Gitterbetten in dem Pflegeraum. Einer davon gehört T., welche außer über diesen und über einen erbwilligen, sich nur in Ausnahmefällen bei ihr blicken lassenden Neffen über sonst niemanden verfügt. Sie liegt unter anderem mit ihrem Dekubitus in ihrer Vergitterung (Vergatterung) und stößt kurze, meist unverständliche Sätze hervor, die alle wie Gebell eines einsamen, dunklen Wachhundes klingen.

Man muss kein Prophet sein, um im eigenen Land nichts zu gelten.

Früher roch A. immer so verschwitzt. Nun scheint sie ein effizientes Achselspray zu verwenden. Deo gratias.

Glückol. Lebwohl.

In sich gehen und nicht mehr hinausgehen.

Kultur kennt keine Grenzen. Mit dem Kulturpass sogar über den Kulturenengpass. (Kulturenggrenzpass. Engkulturgrenzpass. Kulturgrenzengpass)

„Ach du meine Güte", sagte der Fluss, als er des neuen Chemiewerks ansichtig wurde. „Au", meinte die Gegend um Kainburg, als sie sich auf den Schlips getreten fühlte. Ich häng so durch. Ach bitte mach mir doch ein Brett in mein Prokrustesbett hinein. Das wäre nett. Auch heuer legte (sich) ein Steuermann von der Finanz mit/bei uns an. Variation: Auch heuer hielt ein Steuermann (sich) bei ihr (r)an. Das ging sie an.

Annoncen:
Ehe/Bekanntschaft
Junggebliebener Lustkreis, welcher nicht an allen Ecken und Eden sparen muss, überdurchschnittlicher Umfang, heißblütig, sucht ebensolche ‚Sie'. Unter „Über 300".

Wer waagt es? Unternehmungslustige Löwin, charmant, bio, sucht natürlichen Widder mit starker Schulter. Unter „Erst zum Anlehnen, dann zum Anbeißen".

Junges Herz klopft bei dir an, möchte nicht länger alleine versauern. Zuschriften erbeten unter „Gemeinsam schaffen wir es".

Aid! Fleißiger Endzwanziger (bereits mehrfach entheiratet), wie man sagt – bestrickend, sucht aufrechten ‚Ihn'. Ernstgemeinte Bildzuschrift unter „Dreimal glatt, einmal verkehrt".

Gelegenheit: Situierter Charmeur, alter Kavalier der jungen Schule, wünscht Ehe durch Patrizia Alpenrand.

Enttäuschter warmherziger Wassermann sucht anschmiegsame Fischefrau, die das Besondere liebt. Unter „Kaviar kein Hindernis".

Mein großer starker Magnetpol, bitte ziehe mich an. Ohne dich fühle ich mich so bloß. Christl, postlagernd.

Meine Eltern lebten im Streit. Zur Hochzeit hatte es „Mein Kampf" gegeben.

Die Laute soll das Instrument der Zukunft werden. Wie aus allem, das aus der Hand künstlerisch interessierter und für das Volkswohl begeisterter Geschäftsleute kommt, so wird auch hier aus einer Wohltat eine Plage: Die Welt der „Fahrenden" wird überschwemmt mit Preislisten von fabelhaft billigen und ebenso klingenden Lauten. Dem Zupfgeigenspielen und dem Klampfenzirpen soll gewiss nichts Übles nachgesagt werden, aber was zu viel ist, ist zu viel.

EINE NEUE ART
DER NATURBETRACHTUNG

Man steht am Anfang einer neuen Periode der Naturbetrachtung, an der Schwelle einer Zeit, in der nicht nur einzelnen Bevorzugten, sondern einem großen Teil der Bevölkerung die Tore geöffnet werden, zum Erkennen der Natur als einheitliche Schöpfung und zur seelischen Aufnahme der Naturschönheiten als Mittel der Daseinsbereicherung. „Jedes soziale Streben, das dem industriellen Proletariat u. a. eine Verkürzung der Arbeitszeit bereitet, wirkt von selbst in diese Richtung."

Das „Naturschwärmen ist von Übel", da es sich als unmännlich und krankhaft erweist und einem die Natur verschließt, anstatt sie zu erschließen. Sie soll keinesfalls mehr mit „sentimentalem Auge" betrachtet werden („der Männerklarheit pfuscht sentimentale Schwäche ins Handwerk"), auch wenn „ein kühler, keuscher Taumorgen" viel Glück bereiten kann, sondern so heroisch wie z. B. der „Kampf zartester Keimkräfte gegen die brutalen Gewalten von Kälte und Sturm" vor sich geht.

Dessen ungeachtet ist beim Wandern eine innige Aufnahme der Natureindrücke durch ein „unbescholtenes, freies Auge", wie Gottfried Keller es ausgedrückt hat, Gebot.

AUFZEICHNUNGEN UND NIEDERSCHRIFTEN

Neubeginn nach Sommer 1983

17. November, kalt, sonnig.
C.F. von Weizsäcker: „Atomkrieg in diesem Jahrhundert wahrscheinlich."

Gestern telefonisch in einer Tanzschule nach Bauchtanzlernmöglichkeiten gefragt. Verrucht-verrauchte Alkoholikerin – Stimme: „Sowas gibt es in ganz Salzburg nicht. Es hat sich noch nie jemand dafür interessiert. Mit so etwas würde ich mich auch nie befassen."

Lange am Krankenbett/Sterbebett von Frau B. gesessen. Sie hat mich nicht mehr wahrgenommen. Sie stirbt jetzt intensiver als vor wenigen Tagen, als vor Wochen, vor Monaten. Ihre Frisur ist gepflegt. Die Hände sind ganz schmal geworden, liegen auf der Bettdecke, regungslos. Die Konturen des hübschen, ehemals weichen Gesichts scharf. Ich bin allein mit ihr im Krankenzimmer. Sie ist allein mit sich im Krankenzimmer. Im wahrscheinlich letzten Zimmer. Als Klassepatientin wird sie wahrscheinlich hier ihren Tod erleben, das Bett nicht vor ihrem Ab-Leben hinausgerollt werden. Es ist dunkel; im Vorraum hat die Krankenschwester für mich Licht gemacht. Für mich. Frau B. – ob es bis zu ihr, bis in sie dringt? Sie atmet schwer, die Atemzüge tönen wie Seufzer. Ich sitze da, halte Totenwache bei einer Noch-

Lebendigen, bewege mich nicht. Sie atmet Sterbeluft. Ich atme Sterbeluft. Ich versuche nachzudenken. Viele Gedanken drehen ihre Runde, es ist kaum Greifbares dabei. Advent steht vor der Tür; wer wird wo ankommen?

Neulich: Ich gehe das Flussufer in O. entlang. An einer Stelle ergießt sich ein Strom von Schlachthausblut in den Fluss. Die Sandbänke sind rot gefärbt, umrandet von weißer Gischt. Die Möwen haben zu tun. Abends auf dem Weg vom Bahnhof zur Wohnung. Ich schaue die hässlichen gesichtslosen Straßen und Fassaden entlang, frage mich, was will ich eigentlich hier. Es ist schwer, ohne Heimat zu sein.

Fotokurzkurs (Bildgestaltung) absolviert. Am letzten Abend brachten die Teilnehmer eigene Aufnahmen mit. Hätte nicht gedacht, dass ich (solche) Anerkennung finden würde. Kursleiter (Architekt): „Es sind meisterhafte Bilder dabei." (Ich hatte keine Auswahl getroffen, wollte fair sein, bzw. Fehler erkennen lernen.) Er hat Motivwahl und Komposition gemeint – meine technischen Kenntnisse sind unter jeder Kritik. Bin in einer depressiven Phase (schon lange anhaltend), mit nur leichten Stimmungsaufhellungen. Eine Midlifecrisis, wie sie im Buch steht. Man versucht eine Bilanz, einen Überblick: hinten nix, vorne nix, gegenwärtig nix; Angst vor Krankheit und Alter. Jetzt graut mir noch zusätzlich vor der Kälte und dem Winter überhaupt.

Zwischendurch auf der Suche nach Maximen (eigentlich Minimen), welche merkbar, durchführbar, durchhaltbar sind. Lese zurzeit wieder Albert Schweitzer. Nie höre ich jemanden von ihm reden. Ist völlig unmodern geworden. Man klammert sich an Menschen, an Materielles oder Nachirdisches oder eben an Worte. Ist jemand autark?

Der zeitweise aggressive Trinker Josef K. hat Ärger im Sozialclub gemacht. Er hatte Hausverbot – ich propagierte, man müsse ihm wieder die Hand reichen. Nun neuerlich Hausverbot ausgesprochen.

Die uralte Frau Johanna S. (99 Jahre) liegt seit zwei Monaten auf der gespenstischeren der beiden Geriatrieabteilungen. Fünfter Schlaganfall. Sie möchte nachhause, will stündlich ein Taxi rufen. Sechs ausgezehrte Altfrauenkörper in sechs Gitterbetten in dem Raum. Personal und Besucher müssen durch ihn hindurch, wenn sie in andere Zimmer gelangen wollen. Es gibt keinen Quadratmeter privater Daseinsmöglichkeit. Da haben es die Leute drüben auf der psychiatrischen Abteilung besser (Türen mit Fenster) – weil keine Durchgangs-Station (in diesem Sinn).

24.11. Maria E. ist tot. Sie wird zurzeit obduziert.

Rückfahrt mit dem Zug abends: öfters im Dunstkreis eines Betrunkenen: Manchmal hat irgendein Landmensch zu viel geladen in der Stadt. Müde, traurig, manchmal stänkernd oder witzig sein wollend hockt er dann da, barhäuptig und mit verrutschter Krawatte.

Im hiesigen Altenheim. Wenn ich die Lehrerin, Frau H., besuche, kommt manchmal unter einem Vorwand Frau K. hinzu. Sie beobachtet minutiös, wer wann wohin geht. Neuigkeiten, Nachrichten, auch wenn sie für jemand anderen bestimmt sind, saugt sie auf wie jung fröhliches Löschblatt eine Flüssigkeit. Man könnte sich beinahe einbilden, den Vorgang zu hören.

Meine liebe Bekannte, Frau M. Sch., hat einen Kleinhirntumor und wird sich in absehbarer Zeit den Schädel öffnen lassen. Mit ihrem Friseur hat sie bereits die Perückenangelegenheit besprochen.

Gestern bei Sr. M. gewesen, sie hat mir Fäustlingsstricken bezeigt. (Ich bin nur firm in Socken). Ich werde wieder Wolle aufzutreiben versuchen, wir möchten zusammen bis Weihnachten eine Batterie Stricksachen herstellen für einen Obdachlosenverein.

Gewürzkeks backen. Es riecht gut in der Wohnung.

Ihr Sohn M. steht seitlich des Sargs, den Blick fast andauernd nach oben gerichtet. Er weint nicht. Ich würde gerne wissen, wie und was er fühlt. Einer der strammstehenden greisen Sargträger hat einen Tic, sein rechtes Auge zuckt beinahe unaufhörlich. Einer nimmt nun zu Ende der stark beschnittenen Innenraumzeremonie den schwarzen Leihschleier von dem einen Kranz, der über einem Kreuz hängt, und geht damit in den hinteren Hintergrund. Der Schleier ist wieder einsatzbereit, die Sargträger werden es auch bald sein. Der Trauerzug formiert sich. Hinaus in die Kälte. Eisig weht der Wind. Mein Taschentuch kommt zum Einsatz. Am späten Nachmittag masochistischer Ausflug in meine alte Straße, zu meinem zwangsverschacherten Elternhaus. Es ist bereits dunkel. Fast alle Häuser sind hier inzwischen umgebaut, „meines" auch. Ich steige durch die Einzäunung, das Tor ist verschlossen. Nirgends Licht im Gebäude. Nun stehe ich im Garten – in vielen Variationen habe ich in den vergangenen Jahren davon verlangend und zugleich angstgeträumt?! Ich warte auf ein irgendwie erschütterndes, ja zu Boden werfendes Gefühl, aber es kommt keines. Im Moment bin ich innerlich abgestorben. Dann ein Irrealitätsgefühl, wie ich es auch vorher empfunden habe, als ich die Straße entlang bis hierher gegangen bin. Dann der Gedanke – hoffentlich schaut nicht gerade jemand von gegenüber herüber. Ich schlüpfe hinaus, betrachte nochmals die Hausnummertafel mit dem kleingeprägten Straßennamen – tausendmal habe ich diese Adresse geschrieben – und meine Bäume (die hohe Birke, die Kiefer, den Apfelbaum), die bestehen bleiben durften.

Am frühen Nachmittag Spitalsbesuche: bei Thilde; sie weint wie beinahe immer. Neben all dem anderen machen ihr nun auch Metastasen zu schaffen. Es gelingt mir, Thilde für die Zeit meiner Anwesenheit abzulenken. Sie sagt, sie würde mich am liebsten immer um sich haben, ich strahle so eine Ruhe aus. Welche Ruhe ist das? Jedenfalls keine vor dem Sturm – ich bin, glaub ich, nicht fähig, mich sehr gehenzulassen. Dann zu Frau Maria N., der die dritte Operation nach einem Darmverschluss bevorsteht. Still, mit großen Augen liegt sie wartend da, über ihr drei Infusionsflaschen. In dem Siebenbettzimmer riecht es grauenhaft. Eine alte Frau ohne Unterwäsche im Flügelhemd versucht, ihre ausgezehrten Beine über das seitliche Bettgitter zu hängen und hinauszuklettern. Das Schwesterruflicht leuchtet, es kommt lange Zeit niemand. Ich gehe hin zu der Patientin, lege sie nieder und decke sie zu, rede zu ihr. Sie lächelt mich an. Ich frage, ob sie Tee möchte, sie nickt, ich halte die Schnabeltasse, stütze ihren Kopf, sie trinkt.

Abends Chorprobe, achtstimmige Hassler-Messe. Ich versuche zu genießen, kann nicht. Das ganze Flair, welches sowohl Besatzung als auch Oberhaupt ausstrahlen, ist für mich eigentlich nie dazu angetan. Ich möchte schwelgen in der alten Musik. Geht nicht. Schnell werden Kyrie etc. heruntergespult, es wartet bereits die nächste Messe darauf, angegriffen zu werden. (Chorleiter: „Heute exekutieren wir den ...")

C.F. v. Weizs. kritisiert das ungezügelte Wirtschaftswachstum und fordert als Korrektur eine ‚asketische Weltkultur'. Aber es wird gesündigt, ununterbrochen.

11. Dez. Eine meiner Katzen sitzt auf der Fensterbank. Ihr Blick ist zeitlos. Was sind ihre Gedanken? Trauert sie dem Sommer nach, wie ich?

Aus Lokalmeldungen im Radio: „Der Alpenverein wird neue Wege finden müssen ..."

Den beiden lithophilen Söhnen der Familie S. würde ich gerne zu Weihnachten meine sieben Gallensteine (sehen aus wie Haselnüsse) schenken. Sowas haben sie bestimmt noch nicht. Aber H. meint, ich soll mir etwas anderes einfallen lassen.

Im Pflegeheim N. ist neulich ein alter und siecher Mann als Portier in der Loge gesessen, der sich nicht verständigen und daher auch keine Auskunft geben konnte.

Nun habe ich etliche Paar Strickfäustlinge fertiggestellt, der Daumen ist mir jetzt einigermaßen geläufig.

Das ersehnte und gefürchtete Große Fest steht bevor. Alle Zeitrechnung und -einteilung bei allen Leuten geht nun davon aus: vor Weihnachten oder nach Weihnachten.

Eingekauft wird, dass einem Hören und Sehen vergeht. Da mache ich nicht mit. In meinem Geschenkeschrank, unterm Jahr aufgefüllt, findet sich genügend. Prestigegeschenke gibt es bei mir nicht. (Auch Gallensteine könnte man, glaub ich, nicht dazu zählen.)

Staubhäufchen auf dem Fußboden (vor dem jeweiligen Staubsaugermanöver) – immer an denselben Stellen. Mit der Zeit weiß man, woher der Wind weht.

Mein optisch erkennbarer Alterungsprozess schreitet seit einigen Monaten ziemlich rasch vorwärts, kommt mir vor (von anderen wird das bestritten). Zum Beispiel glaube ich demnächst einen besseren BH zu brauchen, um die gewohnte Silhouette aufrechtzuerhalten.

Mit meiner Freundin Lorchen telefoniert. Man hat versucht, ihren Morbus B. u. a. mit viel Cortison zum Stillstand zu bringen. Bis heute vergeblich, aber neben Aufgeschwemmtsein ist nun im Gesicht deutlich Haarwuchs zu erkennen. Eine gemeinsame Bekannte von uns hat gesagt, Letzteres ist nicht so aufregend, schlimmstenfalls kann man sich rasieren. L. meint scherzhaft: „Hoffentlich bekomme ich zu Weihnachten einen guten Rasierapparat. Und ein tolles Aftershave. Mit Maiglöckchenduft." Wir müssen laut lachen.

Ich sage ihr, dass ich oft Sehnsucht habe, mit nicht-morbiden, halbwegs normalen Leuten zu lachen. Sie nimmt es mir nicht ab, glaubt es mir nicht: „Du bist immer auf der Suche nach dem Kranken, Krankhaften. Höchstens in einer ganz kleinen Ecke deiner perversen Seele wäre noch Platz für solche Wünsche."

Sie erzählt mir von ihrer heilpädagogischen Arbeit (ein kleines Mädchen zu ihr bei der Nikolausfeier, als Kettengerassel zu hören war: „Gell, i fürcht mi net?!") und dem unguten Verhältnis zwischen ihr und der Chefin, bzw. umgekehrt – Ärzte contra Psychologen, das, so weiß man ohnehin, wird sich so rasch nicht ändern.

Ich friere, besonders in den Füßen. Meine Hände sind weiß-blaurot-grün. Meine Nase ist kalt. Was täte ich ohne meine Bettheizdecke! Sie ist der Lichtblick nach einem frostigen Tag in der nur schwer und sehr teuer beheizbaren Wohnung.

21.12. Angeblich werden die Tage nun wieder länger.

MAHLZEIT ZU DRITT

Essen im Dreierradl, alle paar Wochen. Einmal bei mir, einmal bei ihm, einmal bei ihr. Heute bei mir.
Haferflockensuppe, Gemüse-Kartofffel-Gratin mit Salaten und frischen Sprossen, Eigenbau sozusagen, danach Früchtereis mit Schlagobers, selbstgebastelter Rumlikör, Kaffee. Man möchte ja eine gute Nachrede haben.

Will die selbstgepressten Flocken, eben noch Körner, kurz in Butter rösten. Es geschieht so rasch, dass die Butter zu dunkel wird – also nochmals an den Start. Der Gratin schmort im Rohr still vor sich hin, die Schnipselarbeit ist längst getan. Die Nachspeise habe ich bereits gestern komponiert, sie übernachtete im Kühlschrank und war abrufbereit. Der Tisch ist gedeckt.

Die Gäste kommen kurz hintereinander, Appetit haben sie mitgebracht, wie ich eruierte.
Ich kann ab sofort einen vorösterlichen Schokoladehasen, ein Buch, eine Apfelstrudelkostprobe und eine halberblühte Narzisse mein Eigen nennen.
Das Buch wird mir wärmstens empfohlen, ich darf es nicht weiterschenken. Es stellt sich später als angenehm lesbar heraus.
Es ist ja so eine Sache mit Büchern, die man quasi aufgepfropft bekommt. Noch dazu, wenn man so viele daheim hat, dass man mindestens noch zweimal leben müsste, um einmal durchzukommen.

Die beiden eben Eingetroffenen waren früher einmal ein Paar. Sie necken sich, sie streiten immer wieder ein bisschen. Es kann vorkommen, dass sie dann einander böse sind, sie meist etwas mehr, er weniger. Es dauert aber nicht an.

Ich stehe bzw. sitze dazwischen, helfe einmal zu dem Teil, dann zum anderen, je nachdem. Manchmal sage ich nichts und lache. Aber so, dass nur ich es merke.
Das Essen mundet, sie lässt immer wieder ein ‚mhhh' verlauten, er isst und schaut zufrieden drein.
„Du bist ein Schwein", sagt sie zum ihm. Es ging um die Frage, welches Tier zu einem passt bzw. welches man verkörpern möchte. Er ist überrascht und nicht der Meinung. „Ich bin ein Wolf ", sagt er von sich überzeugt. Ich sage lachend: „Du bist ein Bär. Für einen Wolf bist du zu viel." Er besteht auf Wolf. Ich muss es hinnehmen.
Sie ist ein Hund. Nicht mehr ganz jung, aber immer noch schön. Mich fragt niemand; ich habe auch noch nie nachgedacht, was ich Tierisches sein würde oder wollte. Es ist mir recht, dass ich darüber nichts berichten muss, denn ich finde, es ist schon schwer genug, ein Mensch zu sein. Das sage ich aber nicht. Wir sind bei der Nachspeise, und die möchte ich in Ruhe genießen.

Wir reden vom Reisen. Ich würde so gern einmal auf dem Dach des Mailänder Doms herumspazieren. Das haben die beiden vor Jahren bereits getan, wie ich höre. Ich dämpfe mein Beneiden mit einem Gläschen Likör.

Ich hole zum Andenkenerzeugen meine Kamera. Die Narzisse steht auf dem Tisch. Ich will die beiden knipsen, die Narzisse ragt auf dem künftigen Foto ihr ins Gesicht, aber ich will das Glasgefäß nicht verrutschen, um nicht allzu sehr auf meine Fotoarbeit aufmerksam zu machen.

Wir sitzen noch ein bisschen so da, die beiden blicken einander ab und zu an. Sie sagt was über Liebe, worauf er verlautet was ist schon Liebe. Das weißt du natürlich nicht, sagt sie, das du betonend. So geht es eine Weile hin und her. Ich enthalte mich einer Aussage. Denn wer weiß schon ganz ganz wirklich, was Liebe ist.

Sie muss gehen, hat einen Termin. Er will noch bleiben, aber ich habe auch einen Termin. So schlüpfen beide in ihre Mäntel. Das nächste Mal bist du dran, sagt sie einigermaßen streng zu ihm, der nur selten gut bei Kasse ist. Ich schlage vor wir bringen was mit, aber davon will sie nichts wissen. Na gut.

Mir fällt noch ein, dass ich ihm einen Cent geben möchte. Ich durchforste rasch mein Geldbörsl, finde aber nur ein Fünferl. Er weigert sich, es anzunehmen, es dürfen nur Einserl sein.
Sie kennt sich nicht aus, was wir da abhandeln. Darüber freue ich mich ein bisschen. Er hatte mir was von einem in seiner Unterkunft aufzustellenden Sparschwein gemailt gehabt, das, um Begräbnis und Totenmahl zu bevorsorgen, mit Einserln gefüttert werden soll. Und das halt möglichst über viele Jahre.

Sie hatte er nicht mit dieser Meldung (Maildung) vertraut.
Vielleicht erfährt sie nun auf dem Weg durchs Stiegenhaus
Genaueres.
Das geht mich dann aber nichts mehr an. –

Wieder Atomversuch (Ah.Toll.). Neues Schienenverkehrsinfrastrukturfinanzierungsgesetz. Die Schwarzen stark geschwächt.
Die Lebensmittelkontrollstellen sollen ausgehungert werden.
Keine Gefahr, dass Kohl nun Kohldampf schieben muss. Die
Grundstückspreise sind dabei, in den Boden zu sinken. Dann
ein Reporter zum Skispringer E.: „Wie gehen Sie um mit Ihren
Erfolgen?" – „I schau, dass i am Bodn bleib."

Am nächsten Morgen trinkt Ariane einen Early Grey, isst ein
paar Ruheplätzchen, ein mit Weichspüler gebackenes Brot und
hört dazu einen alten Reimhard May. (Der Sänger Konstantin
geht ihr auf den Wecker und der Gröhlemeyer ist so laut.) Sie
hat vor, heute einmal eine ruhige Mozartkugel zu schieben, und
greift sich das Massenblatt „Wild am Sonntag", später ein Buch
von Donner Leon de Winter: „Wie es wirklich wahr." Ihre haftbeschalten Augen glänzen, da klingelt es an der Tür. Draußen
steht ein plateaubesohltes Wesen, Klonmädchen mit Hennahaar
Punk Austria, gewandet in Grauschwarzgrau: Tochter Haarmonika, Ex-Tiinätscha, wohn- und lebhaft bei ihrem Freund,
der mit von der Partie ist. (Beide auf- und abgeklärt, Möchtegernlehrlinge auf der Suche nach etwas.) Bussibussi. Das Sparschweinerne ist ausgegangen, die Mutter glücklicherweise nicht.
Haarmonika, Gesichtshaut in der Orangenblüte ihrer Jahre,

wirft ihrer Mutter einen blassblauen Blick zu. Die beiden kommen gerade von einem gestrigen Iwent. Da war viel Lärm um nichts, auch während des alten Apokalypsos.

Die Mutter schaut sie an mit ihrem Nachsichtgerät – leider ist noch nicht aller Sorgen Abend. Sie gehört halt nicht zu den Österreichsten und ist kein Börselvereinsmitglied, versucht jedoch ihr Bestes, wobei sie sich vorwirft, früher nicht rigorosa vorgegangen zu sein. Sie ist aber schon froh darüber, dass die beiden nicht Freie Radikale sind. Demo gratias.

Einladung zum delikat Essen: Erst Vollkorntoast mit diversen Gesundheitsdips, dann ein Stück von einem Vierzehnverender, hoffentlich ohne Salomonellen, dazu Nudeln à la Sekundenkleber. Nachspeise: Keine. Oder vielleicht ein Postkopfapfel.

Später eine Art Dauerverbeugung der Mutter vor der Abwasch. Der Jungmann, übrigens ein Philfraß, wäre manxmal gern Bildsteller oder Schrifthauer oder ein Playbackstreetboy oder wenigstens trendy mit Handy. Irgendwann wird auch ihm vielleicht ein Sunlicht aufgehen. Früher, nach dem einen oder anderen Vergehen, hatte sein Vater nach Verabreichung eines Ohrfeigendesserts oft gesagt, „das soll dir eine Schublehre sein. Und überhaupt, vorbeugen ist besser als heulen, du Halsstarrsinniger".

Das Wetter ist schön und gut, Ariane wird nach Verabreichung einiger Scheine, welche hoffentlich nicht trügen, von den Jungen verabschiedet und ruft ihre Freundin an. Der Verdacht gegen diese, nicht zuhause zu sein, und die Wolken verdichteten sich. Nach einer Weile probiert sie nochmals. „Ja, hier spricht Gürtel Rosi", heißt es nun freundlich. „Hallo, ich bin's. Unternehmen wir was?" Rosi kommt mit dem Auto, sie fahren zum See, Ariane will ein Boot leihen, aber dieses gibt ihr „leck mi" zu verstehen, ist also schlecht gewartet und somit untauglich, worauf die Freundinnen keine weiteren Versuche mehr machen und ein Stückl den Berg hinaufwandern. Doch hier herrscht die Stille Pest: Dauernd sind Alpinradler unterwegs, diese oftmals körnergefütterten glockenfreien wandererschreckenden Leisetreter. Man geht zurück zum Auto und reiht sich wieder ein in die Blechkübelschlange, das Spiel „Des is ka Hetzerei und kost do viel" mitzuspielen.

Rosi, früher eine Sparversion von Frau, ist ungeschieden. Sie hat ihren Witwermann eines Tages im Sommerschlussverkauf erworben und behandelt ihn, der seinen Zenit ebenfalls bereits hinter sich gebracht hat, zumeist im Schonwaschgang, denn sein Hofratseinkommen ist nicht ohne. Verschiedene Anektoten über seine vorige Frau lässt sie über sich ergehen. Dass ihr manchmal ein Partnerhund lieber wäre, der immer nett dreinblickt und voll Tatendrang ist, muss er ja nicht wissen. Sowohl Rosi als auch ihr Hofrat sind mittlerweile bebaucht und stehen einander nicht mehr so nahe wie vor ein paar Jahren ...

Hintertückisch und heimlistig: Anhaltung, Fahrzeug- und Führerscheinkontrolle. Das Gefährt ist in Ordnung, die zwei Organe, Kieber-er und Kieber-sie, lassen sich was aus der Tatenbank durchgeben. Der Führerschein ist alt, aber noch gut. Das Foto ist zwar nicht mehr das jüngste, aber Rosi ist es ja auch nicht, und so darf fortgesetzt werden.

Nun erst liftet Rosi Ariane gegenüber das Geheimnis ihrer problematischen Teilgesichtsoperation (Aktion Lift ins Dunkel), welche die Prüfenden übersehen hatten. Auch Ariane hatte davon ja nichts gemerkt gehabt.

Sie tagträumen gemeinsam von einem Hochsommer ohne Tief – Haarmonika und Hofrat. Und wenn sie nicht gestorben sind, dann träumen sie heute noch. –

AUSDRÜCKE und AUSSPRÜCHE AUS MEINER KINDER- UND JUGENDZEIT B. K. 05

schbeanzln (möglichst unbeobachtet schauen)

schbechtln (s.o.)

a alte Tschesn (sowohl alte Frau als auch altes Auto)

bizzln

benzn

schnurkn (menschliches „Schnüffeln" nach Gegenständen in Räumlichkeiten)

wegn die paar Netsch (wegen diesem bisschen Geld)

die Maschekseitn (Kehr-)

abischwoabn (hinunterspülen)

stampern (vertreiben, ausjagen)

mir wird ganz entrisch (eigen zumute, übel)

(an)trenzn (heulen; sich mit etwas Flüssigem anpatzen)

krawutisch (aufgebracht, ärgerlich, zornig)

graupat (unansehnlich – Mensch) (unangenehm – Wetter)

KINDHEITSSTREIFLICHTER

An verregneten Sonntagnachmittagen spielten mein Vater und ich manchmal Grammophon. So eines zum Aufziehen. Die Kurbel einsetzen musste er, das war halb technische, halb Gefühlssache, drehen durfte ich, da brauchte man nicht so gefühlvoll zu sein. Platten waren ganz viele da, groß und dick und schwer die meisten, alle mit nur kurzer Spieldauer. Eine leichte war auch dabei, aus Wachs; eine Jugendliebe meines Vaters hatte sie besungen, wie ich erst Jahre später erfuhr. Verdi, Puccini. Auch ein paar Sprechplatten waren darunter – sie hörte ich beinahe noch lieber als die anderen: Die Sprechweise mutete mich so überaus komisch an, dass ich jedes Mal einen Lachanfall bekam von dem Singsang.

Wenn wir vom Kunstgenuss genug hatten, durfte ich die Maschinerie ein letztes Mal aufziehen – nur mehr ganz wenig – und das hübsche Blechschachterl mit den darinnen befindlichen Nadeln auf den rotierenden, mit feinem blauen Filz überzogenen Plattenteller legen. Wenn das mich jedes Mal von neuem faszinierende Ringelspiel zu Ende war, wurde der kleine Schalltrichter verkehrt herum im Apparat verstaut, dieser zusammengeklappt, verriegelt und anschließend verräumt.

Manchmal, nur manchmal, erlaubte ich einem Freund oder einer Freundin das Anwesendsein bei einer Aufführung; meistens war dies jedoch eine Sache nur zwischen mir und meinem Vater.

Wenn es ganz lange geregnet hatte und die Salzach Hochwasser führte, gingen die Männer der Umgebung mit selbstgefertigtem ankerähnlichem Gerät an langem Seil auf Jagd nach Treibholz und anderem Wertvollen: Einmal kaperte ein Nachbar einen faszinierend hässlich aufgequollenen Schweinekopf, dessen Anblick ich bis heute vor mir habe. Welche glückliche Beute in dieser fleisch- und auch sonst so armen Zeit.

BEGEBENHEITEN

Ein Bekannter erzählt, dass ein Freund von ihm, ein Arzt, per Post eine Blechbüchse bekommen hat, in der sich angeblich die Asche eines seiner Söhne befindet. Als Drogensüchtiger war dieser vor einiger Zeit nach Indien gereist.

Berichte von Begebenheiten sollen nicht der Wahrheit entbehren. Hier Geschehnisse aus meinem Umfeld bzw. dem Umfeld von Bekannten:
Eine Frau erkrankte an KREBS, wurde schulmedizinisch behandelt nach allen Regeln der ärztlichen Künste. Nach schlimmen Wochen und Monaten hieß es: „Sie sind austherapiert, wir können nichts mehr für Sie tun." – „Wie lange werde ich noch zum Leben haben?" – „Vielleicht ein halbes Jahr." Wie es wahrscheinlich die meisten in so einer Situation machen würden, wenn Kraft und Mittel es erlauben, wandte sie sich an Leute jenseits der Schulmedizin und es geschah das Wunder (?), dass Heilung eintrat. Nach zwei Jahren hatte sie das Bedürfnis, dem Primar, der damals das „Todesurteil" ausgesprochen hatte, den Werdegang ihrer Heilung mitzuteilen. Sie erhielt zwar einen Termin, konnte jedoch so gut wie nichts berichten, da er umgehend sagte: „Das interessiert mich alles nicht. Für mich sind Sie statistisch tot." –

Der Vater von P. war gestorben, rasch und überraschend. Für die kommende Woche war ein Hausarzttermin anberaumt gewesen. P.s Mutter, pflichtbewusst, rief in der Praxis an und sagte: „Leider kann mein Mann den Termin bei Ihnen am … um … nicht wahrnehmen, er ist vorgestern gestorben." – „Mia ham eh so vü Leit, die auf an Termin wartn."

Russische Hochzeit. Trauzeuge der Braut sollte deren Vater sein. Schon vor dem Trauungsakt allerdings war er volltrunken und lag unter einem Tisch, von wo er nicht wegzubewegen war.

Ein alter Zweit- oder Dritthand-COMPUTER stand bei mir im Abseits; jahrelang hockte er samt der dazugehörenden Schreib-Sanftware, einem Minibildschirm und einer Tastatur mit Maus vorwurfsvoll auf einem Tisch, ihm zur Seite ein überdimensionierter Drucker, und machte mir jedes Mal Unbehagen, wenn ich vorbeikam. Ich brauchte die Hartware dazu nicht einmal anzusehen. Der Händler hatte gesagt, da ham S´halt a bessare elektronische Schreibmaschin. (Word 97a.) Sowas hatte ich mir als manchmal gespaltenes Wesen einerseits gewünscht, andrerseits … Da geschah es, dass ich in einer Zeitschrift ein Mitmachrätsel fand und bearbeitete. (Normalerweise rätsle ich eher in der Art: Hab ich die Kochplatte ausgemacht?) Dann geschah es, dass ich einen dreistündigen Computereinführungskurs für (in Ehren ergraute) Senioren gewann. Der fand in einem Hotel statt. Wie ich unter der Hand erfuhr, war auch eine Art Spion unter den Gewinnern – betagter Leiter einschlägiger politpartei-licher Seniorenkurse. Ein junger smarter Wiener, gewaschen mit allen Computerwassern, versuchte dem Grüppchen angejahrter Glückspilze ein bisschen den Weg zu ebnen: Man kam erst nach und nach drauf, dass die Seminarleitung nicht unglücklich wäre, wenn wir – lieber mehr als wenige – anschließend einen kleinen Vertrag zum Ratenerwerb eines etwas größeren Notebooks mit speedy internet und so unterzeichneten. Unter vier Augen verriet mir der Spion, dass diese Notebooks schnell ihren Geist verlangsamen bzw. aufgeben, wenn man z. B. reinbröselt oder -tröpfelt. Ich hätte sowas ohnehin nie vorgehabt – gegessen wird bei mir in erster Linie bei Ess-Tisch –, auch läge ein Kauf außer finanzieller Reichweite. Nachdem mich eine andere Teilnehmerin zum gelegentlichen Anhören einer Darbietung ihrer privaten Seniorinnenmundharmonikagruppe eingeladen hatte, was ich aber aus Lebenszeitgründen nicht annehmen wollte, schlappte ich nachhause und versuchte, meinem Computeruntier einen angstarmen, ja freundlichen Blick zu schenken. Dann nahm ich dem Bildschirm sein Plastikschutzhauberl ab, warf ihn bzw. den Rechner (!) an (ich hasse Rechnen) und auch den Drucker, wie ich es kürzlichst gelernt hatte. Meine Altmaus ist am Rechner angeschwänzelt und braucht keine Extraenergie. Beim dritten Anlauf gelang es mir, die Schreibbeginnstelle auf den Bildschirm zu bringen. Waghalsig und doch auch etwas verlegen tippte ich einige Male ,Alle meine Entchen', welche ich anschließend natürlich ausgedruckt sehen wollte. Ich bemühte mich sehr. Es grummelte im Drucker, nach einigen wiederholten Ansätzen glaubte ich etliche Takte eines Kinderlieds rauszuhören, es war aber nicht Alle meine Entchen, sondern sowas wie Ihr Kinderlein kommet. Anfangs klang es interessant und auch nett, nervte aber mit der Zeit. Wie zu berichten ist, entkam dem Drucker (?) nicht das für mich Wesentliche – nämlich die gewünschte druckergeschwärzte Essenz, der sozusagen greifbare Nachweis meines Könnens. Und so sollte es noch einige Zeit sein. Fortsetzung folgt.

Fortsetzung COMPUTER.

Wenn man BEENDEN will, muss man auf START gehen. (Das muss man sich einmal geben .)

„Es ist kein Papier im Drucker. Legen Sie welches nach." Menschenskinder, ich kann doch sehen, dass welches drin ist, hab's ja eigenhändig reingetan.

Und neulich – ich greife wieder vor – verschwand eine fast fertige Seite, mühsamst von mir collagiert. Ich hatte vielleicht oder vielleicht wahrscheinlich irgendeine Taste gedrückt, die das auslöste. Sekundenlang war ich wie erstarrt, dann kam Enttäuschung, danach Empörung auf. Auf einmal erschien scheinheilig ein Insert: „Soll die Seite wiederhergestellt werden?" A so a Frozzlarei. Was denn sonst!!? Wäre hardware weicher, hätt ich ihr zu gern eine Ohrfeige gegeben.

Bis es allerdings zu dieser Konfrontation gekommen ist, dauerte es, wie erwähnt. Bei einer Bushaltestelle fragte ich einen fremden jungen Mann (Nichtraucher, Nichtausspucker) bezüglich der Druckerverweigerung. „Wia lang ham S' denn net gschriebm?" – „Lang. Eigentli no gar net." – „Ja, dann is's eh ka Wunda, die Patron is austrocknet. Ma muass allwei wieda was ausddruckn, sonst geht a net." Unbehagen befiel mich. Da ist man als Schriftsteller/in also gezwungen, mehr einzugeben, als einem eingegeben wird, nur damit man´s dann schriftlich hat.

Mich ins Schicksal fügend versuchte ich daheim, die dienstverweigernde Patrone dem Drucker auf minimalinvasive Art und möglichst ohne negative Spätfolgen zu entreißen. Irgendwie stolz hielt ich sie in Händen und betrachtete das Ding von allen Seiten. Man möcht´s nicht glauben – auf einmal hatte sie so viel Druckerschwärze abzugeben, dass meine Finger bis zum nächsten Gitarre- sowie Blockflötenkonzert davon Zeugnis ablegten.

Bei einer meiner Obusfahrten hatte ich irgendwo eine Tonerstation gesehen, die ich mir nun zum Ziel machte. Ich hoffte, sie wiederzufinden. Die vermutete Haltestelle war zwar nicht die richtige, aber ich kam hin. Ich übergab das in Küchenrolle eingewickelte Unding einem freundlichen jungen Mann, dem ich beichten musste, dass es ungehörig behandelt worden war. Er sagte „die is vastopft, des kriagn ma scho. Sie miassn s' halt dalassn". Wie er war ich guten Muts, auch wenn ich meinen weiten Heimweg ungefüllt antreten musste. Bei der Wiederkehr war ich gewappnet mit einem Stück selbstgebasteltem Vollwertkuchen. Dabei wusste ich zu der Zeit noch gar nicht, dass er wirklich auf sowas stand ... Ich holte die Patrone, setzte sie ein. Jedoch – s. o. Ich brachte sie wieder hin, dasselbe nochmal (inkl. Vollwert ...) Wieda nix. Anlässlich eines Vorsprechens bei der Krankenkassa (aus Krankheitsgründen – jedoch nicht der Druckerpatrone) fragte ich die nette Dame gleich, was sie da täte. „I glaub, da is da Druckakopf hi." Sie hatte recht. Im Bürowarengeschäft erstand ich sowas; es war nur um fünf Euro billiger als ein günstiger neuer Drucker. Ich bekam den Rat, ja nie füllen zu lassen. „... weil des is ka Originaltintn."

Einmal: Rien ne va plus. Ich frage einen Bekannten, was da sein kann. „Der hat sich aufgehängt", ist seine grauenvolle Vermutung. Bevor ich aufgeklärt werde, denke ich – der Verzweiflung nahe – bei mir: „Da war der schneller als ich. Oder sollte es sich doch nicht auszahlen, in so einer Situation sein Leben zu beenden?"

Inzwischen hab ich mir schon viel Augenweh geholt beim massiven Schreiben, war schon öfter – kuchen- und/oder vollkornbröterlbewaffnet (ich habe ein tolles Rezept erfunden) – beim netten Füll-Mann. Bis jetzt klappt's mitm Druckn, wenn ich auch die vielen Geheimnisse des Computers diesem nur zitzerlweis zu entlocken imstande bin. Aber ich bleib dran! Austrocknen tu ich eh selber. Zumindest ist das für die kommenden Jahrzehnte zu erwarten.

„Damit unsere Erdbeeren gut werden, geben wir immer Mist drüber." – „Also wir tun immer Schlagobers drauf!"

Der Chemieprofessor kommt nachhause. Seine Frau sagt strahlend zu ihm: „Du, unser Bub hat heute sein erstes Wort gesagt." – „Was war es?" – „Heptol metyl tyamino natrochlorid."

Die Lehrerin besucht mit ihrer Klasse eine moderne Kunstausstellung. „Dieses Bild", erläutert sie, „soll Mutter und Kind darstellen." Eine Schülerin fragt gespannt: „Und warum tut es das nicht?"

Ein kleiner Schotte hat Geburtstag. Sein Onkel will ihm eine Freude machen, aber es soll nicht viel kosten. Im Vertrauen darauf, dass der Kleine den Wert des Gelds noch nicht kennt und eine schöne Münze einem Geldschein vorziehen wird, hält er ihm beides hin und fragt: „Was möchtest du haben?" Der Kleine zeigt auf die Münze und sagt: „Das da", und dann auf den Schein: „Bitte einwickeln!"

Welches sind die berühmtesten deutschen Sagen? – Die Nibelungensage und die Wettervorhersage.

Ein Mann zum Ober: „Was soll denn das, da liegt ein Wurm auf meinem Teller." – „Aber nein, das ist doch das Würstchen, das Sie bestellt haben."

Ein fernsehender Mann trifft auf einen Sender mit einschlägigen Damen.

Eine der Verführerinnen verspricht: „Von mir bekommst du das, was du von deiner Frau nicht bekommst. Ruf mich an." Eine Telefonnummer wird eingeblendet. Der Mann greift zum Handy: „Ich hätt gern einen Schweinsbraten mit Knödel."

Fritzchen zu Anton: „Ich bin total gescheit. Ich hab schon mit einem Jahr laufen können." – „Was, das nennst du gescheit? Ich hab´ mich noch mit zwei Jahren tragen lassen!"

Ein Vater schimpft mit seiner Tochter: „Ich möchte nicht, dass du die Klavierstücke alle auswendig spielst!" – „Aber wieso denn nicht?" – „Was denkst du, wofür ich dir die teuren Noten gekauft habe!"

Ein kleiner Bub hat sich im Kaufhaus verlaufen und weint. Eine Verkäuferin fragt: „Na, bist du verlorengegangen?" – „Ja. Ich hätte nicht mit der Oma mitgehen sollen. Etwas verliert sie immer!"

Der Hausarzt bei einem Krankenbesuch: „Also, Ihr Husten klingt heute schon viel besser!" – „Kein Wunder, Herr Doktor. Ich habe auch die ganze Nacht geübt."

Die Löwenmutter sagt zum Kind:
„Nun lass mich gucken mal geschwind!
Im Löwenmäulchen – ganz nach Plan –
Seh' ich den ersten Löwenzahn!" (Verfasser mir nicht bekannt)

„Du, Papa, ist das wahr, dass die Tante Monika in die Gefängnisse geht, um den Gefangenen etwas vorzusingen?" – „Ja, das ist wahr. Denke also später einmal immer dran, bevor du dir was zuschulden kommen lässt!"

Im Zoo werden die Kängurus bestaunt. Ein Besucher fragt einen Wärter: „Was sind denn das für komische Tiere?" – „Das sind Kängurus, das sind die Einwohner Australiens." – „Mein Gott, wie schrecklich! Meine Schwester hat vor ein paar Wochen einen Australier geheiratet."

Die Oma hat sich beim Friseur die Haare ganz kurz schneiden lassen. Zuhause sagt ihre Enkelin: „Jetzt siehst du gar nicht mehr aus wie eine alte Frau." – Oma, erfreut: „Wie denn?" – „Wie ein alter Mann."

DEUTSCHSPRACHIGE WENDUNGEN UND WORTSPIELE

Erst hab ich Pflanzen gepflanzt, nun ist es umgekehrt.

Trockenes Hartholz hat einen guten Einheizwert.

Zufrieden schmatzet Groß und Klein.

Hier bin ich Schwein, hier darf ich´s sein.

Geschäftstüchtiger Chinese: Ihm schaut das Schlitzohr zu den Augen heraus.

Schönheitscremes – glätte sich, wer kann.

Die Damen trafen sich zu einem Adventkränzchen.

Viel ist bereits über Witz, Witze, Witzigsein, Witzigmann geschrieben worden.

Schriftsteller/in: Ich rauche/schmauche, also bin ich.

Alles hat seine Zeit, nur ich hab keine.

Ausgleichende Gerechtigkeit: Die Sehkraft halbiert, das Kinn verdoppelt.

Kreditaufnahme zum Leidzinssatz.

Um auch Nebensächliches zu tun, muss man das nötige Zeit-kleingeld haben.

Der alte Mime – inzwischen ist er der Graue Star unter den heimischen Schauspielern.

Dem vermeintlichen Witzbold war leider ein Sch voranzu-stellen.

Überall auf der Erde verbreitet: Gefahrengut Mensch.

Unbewohntes Haus/Zeitschaltuhr: Das Licht brennt nur zum Schein.

Beisl + Bekanntschaft: Er hatte sein weinseliges Auge auf sie geworfen.

Blick aus dem Flugzeug auf die Wolkenhupfburg.

Ma is a oama Hund, wenn ma a oams Schwein is.

Sie erwartete dringend eine Maildung.

Festlicher Empfang. Dann run/ran ans Buffet.

Ich bin schwindlig. Endlich dreht sich wieder einmal alles um mich.

Mit Krankheit kokettieren: krankokett sein.

In der Kleingartensiedlung lauter Strebergärten.

Bei dem Autounfall gab's glücklicherweise nur Krachschaden.

Das Quartett wurde von einem überaus streichfähigen Cellisten ergänzt.

Männerbart + Hundeschnauze – in Ehrwürden ergraut.

Neureiche Villa. Durchs Gebäude gruselt der Zeitgeist.

Das Wetter hält sich heute bedeckt.

In Ehe und Beruf war sie lange zu kurz gekommen.

Lebensbegrenzung: Eintritt in die, Austritt aus der Zeit.

Durchschnittsleben: Vergangenheit unbewältigt. Zukunft dauernd vor sich hergeschoben. Gegenwart immer gleich vorbei.

Im Park alle paar Schritte ein Hundswürschtl, wie es leibt und lebt.

Der Schlosssaal – ein schöner Rahmen für die Bilder einer Ausstellung.

Zum Brauchtumsfest erschienen beide in Ein-Tracht.

Ihr Mann hatte sowohl beruflich als auch geistig abgebaut.

Arztfrage: Was tuat Ihna jetz überall alls weh?

Sündenregister: Auflistung wie Telefonrechnung.

Er war nicht der Gescheiteste, konnte jedoch eine Schweinsstelze von einer Bachstelze unterscheiden.

Enttäuschung: am Meeresstrand nur Mikrowellen.

Geplagter Vater und Ehemann: Leidhammel der Familie

Frau Doppler verfügt über ein einfaches Gemüt.

In jelineckischer Manier stieg der neu gekommene Schriftsteller hinab in die Unterhosenwelt.

Zu wahr um schön zu sein.

Frühe Heuschrecke: a so a junga Hupfa.

Sprechblasen platzen lassen.

Ihre seelische Depression stand der wirtschaftlichen um nichts nach.

Nach Tschernobyl: Männer mit zerstörtem Saatgut.

Im Kino ein Paar vor mir, sie Typ „3x geschieden und noch immer nicht genug".

Mann auf Brautschau: „Bin vom Abschleppdienst. Haben Sie für heut Abend schon was vor?"

DEUTSCHSPRACHIGES ALLERLEI VON B. K. 05

- Vage Erinnerung: Ganz dunkel geht mir ein Licht auf.
- So ändern sich die Zeiten: Manche Frauen schwärmen noch im Alter davon, dass ihnen in ihrer Jugend einmal jemand hinterhergepfiffen   hat.

Von der Porträt-Ausstellung sollte man sich selbst ein Bild machen.

Ein Wort plus ein Wort ist noch kein Gedicht.

Leider. So einfach geht es nicht.

Wenn deine Hoffnung fährt – vielleicht kannst du mitfahren ...

Schlechtwetter für den Gesetzesbrecher: Wolken und Verdacht verdichteten sich.

Den meisten Rundfunksprechern gelingt´s, Diözese wie Diözese auszusprechen. Bei den Geistlichen – vom Landpfarrer bis zum Kardinal – ist es umgekehrt. Da gibt´s sowohl die Diözöse und die Diezöse als auch Diezese.

DIVERSES

1991. In Jugoslawien anhaltende Kämpfe (Serbien/Kroatien), grässliche Berichte, Scharen von Flüchtlingen innerhalb dieser Gebiete, aber auch ins Ausland. Große Verluste in verschiedenster Hinsicht.

Und die Sowjetunion hat gestern (oder bereits früher?) zu existieren aufgehört.

Zerfall, soweit man östlich schaut. (Eine richtige Ostporose.) Was daraus noch werden wird? Niemand weiß es. Kann sein, dass wir mehr informiert sind hier im Westen als die direkt Betroffenen.

Diese Art von Musik hat eine eigene Note.

Gemüsesuppe: Ohne Lauch geht´s auch.

Konzertbesucher können als Tonabnehmer bezeichnet werden.

Gemeinsames von Wolken und Haaren: Mit der Zeit lichten sie sich.

Krieg ist ein Bombengeschäft.

Teure Wohnsitze: Immomilliobilien.

Es regnet schon wieder. Die sind wohl nicht ganz dicht dort oben.

Im Namen der Neurose.

Callgirlcenter.

Trendwände.

Er sah seinen hochfliegenden Plänen nach.

Wunschkrapferl.

So ein Vichy Vachy.

Denuntiatur.

Speiseölmagnat.

Kammer(l)sängerin.

Thomas Bernhard Minetti

Ein Chamäleon in den Wechseljahren ...

„Gib mir die Pfote, Coyote,
reich mir die Hand, Elefant." (aus meiner Kindheit)

Die Unbill. Ein Wort, das heute niemand mehr gebraucht.

Aus Liedern

„Wohlauf, ihr Gäste gut, seid fröhlich, frisch und wohlgemut,
den Griesgram wolln wir zwingen." (aus einem Lied)
„... I bitt di, geh schenk ma mei Lebn, mei kloans Leben ..."
„... aufn Huat Federn, unterm Huat gscheit ..."

Aus einem Busfahrgästegespräch im Stadtteil Riedenburg, links
des Mönchs- und Festungsbergs: „Hier hat sich neulich jemand
heruntergestürzt." – „Sowas Verrücktes; normalerweise springt
man von der anderen Seite."

Einsame Radfahrt den Fluss entlang. Auwald. Defätistisch hängt
eine grüne Gießkanne im Geäst. Sie blickt nach unten, will
nichts mehr wissen von Florianiprinzip und solchen Sachen.
Am Wegrand liegt eine fleischfarbene Wärmflasche, welche sich
– nun in Ruhestand/Ruhelage – die Sonne auf den Bauch scheinen lässt. (Oder ist es der Rücken?)

In einer eher altmodischen Zahnklinik, aus Kiefereiterungsver-
legenheit. Der Arzt so einsilbig wie sein Name. Keine Geste des
Trostes, der Beruhigung, auch nicht seitens seiner Helferin. Die
Hilflosigkeit der beiden steht im Raum: „So eine blöde Zahn-
tasche ..." Ein Arsenal an veraltetem Gerät wird eingesetzt, auf
Injektionserneuerung während des langen Gemetzels vergessen. Sie erfolgt zu spät. Die Fräse arbeitet schon. Mein Heimweg ist erfüllt von Blutspucken am Gehsteigrand, sirupartig,
fadenziehend, bluse-netzend. Das kleine Nachbarmädchen fragt

mich: „War der Zahnarzt böse? Meiner war sehr böse, habe auch einmal eine Kieferoperation gehabt. Habe fast nicht geweint, nur die Tränen sind mir halt hinuntergelaufen, und er hat geschimpft mit mir. Mein Onkel hat auch Angst gehabt, als er klein war; er hat eine Hasenscharte gehabt und da ist er ein paar Mal operiert worden und wenn er nur einen weißen Mantel gesehen hat, hat er schon geschrien. Und er hat nie mehr gelacht, ein paar Jahre. Und dann einmal, beim Spielen, da hat ihm ein anderes Kind einen Marmeladetopf aufgesetzt und da hat er dann wieder lachen können.“

In einem Landgasthaus hörte ich den Fleischhauerswirt vom Schlachthof erzählen. Die Schweine werden abgespritzt und hierauf einen Gang entlanggetrieben, der unter Strom steht. Dann schildert er das Ableben eines jungen starken Stiers, zu dem er sozusagen zwischen-menschliche Beziehungen aufgebaut hatte.

Auf einem Parkplatz. Aus einem Auto steigen ein älterer Mann, mit ihm zwei kleine Kinder und eine junge Frau, eine besonders hübsche Asiatin, welche er Mausi nennt. Sie wirft mir einen reizenden lächelnden Blick zu (womit habe ich den verdient?), den ich nur insofern erwidere, als ich nicht lächle (womit hat sie das verdient?). Als es mir leidtut, ist es bereits zu spät.

Goethe: „... Leider muss man ... meistenteils verstummen, um nicht, wie Kassandra, für wahnsinnig gehalten zu werden, wenn man das weissagt, was schon vor der Tür ist.“

1828 gelang erstmals die Herstellung eines synthetischen Stoffs.

104

CARLO, DER RESERVEPANTHER

Ob ich ihn kurz betreuen könnte, werde ich gefragt. Ja. Das mach ich gerne.

Vorher möchte ich ihn kennenlernen, damit wir beide wissen, mit wem wir es zu tun haben werden. Besuch bei seiner Familie. Wir machen ein bisschen Hausmusik – Klavier und Gesang –, er, als eher scheu geltend, kommt angetrappelt, blickt umher, streift um eines meiner Beine, lässt sich kurz über den gepflegten Schwarzpelzmantel streichen. Dann spring er aufs Fensterbrett, um ein interessantes Insekt, das die Scheibe entlangvibriert, zu jagen, zu erlegen und dann genussvoll zu verspeisen. Nun nimmt er auf der Couch Platz und ist bereit, ganz Ohr zu sein.

Als ich dann am folgenden Tag komme, um ihm Futter zu geben, ist er sehr erfreut schon allein über mein Erscheinen. Er mauzt freundlich, ein zartes, aber bestimmtes Streichelschnurren ist zu hören (wobei er beim nächsten Mal einige Phon zulegen wird).

Nicht wie so manche Artgenossen handelt er, die sich voll Ungeduld, diese womöglich noch mit Vorwürfen garniert, nicht schnell genug auf den Fressnapf stürzen würden, alle Regeln der Höflichkeit außer Acht lassend. Zuvor zeigt er mir im Stiegenhaus noch diverse ausgeklügelte Spring- und Kletterkünste – erst dann wendet er sich dem Fressschüsserl zu!

Ich mache inzwischen sein Kistl sauber. Er ist ein verlässlicher Kistlgeher. Das ist keine Selbstverständlichkeit und viel wert! (Man hat schon von Individuen gehört, welche die Abwesenheit

ihrer Familie zu den ausgefeimtesten und raffiniertesten Hinter-
legungen genutzt haben sollen.)

Lobende Anerkennung. Ein kleines Gespräch. Er wendet mir
sein hübsches Dreiecksgesichtchen zu und schaut mich aufmerksam an mit seinen goldenen Augen.

Carlos vorige Heimat war ein Tierheim, und niemand kann
wissen, was er schon alles erlebt hat. Wenn es Schlimmes war,
so hat er es gut „weggesteckt", denn seine Art ist freundlich und
ruhig, aber auch lebhaft-verspielt.

Ein angenehmer Zeitgenosse. Und dazu noch von ästhetischem
Anblick! –

DIVERSES

Nieder mit dem Tief!

So ein Vichy-Vachy!

Verschwindendes Wort: Fräulein. Vom kleinen Mädchen zur Frau. Was dazwischen ist, scheint zu diskriminieren.

Drehbuch. Ich kann es drehen und wenden, aus allen Winkeln betrachten – es bleibt mir unverständlich, denn es ist leider chinesisch.

Im Märzen der Bauer den Schneepflug vorspannt ...

Monotonographie

Kohlrabi auf Englisch: kohlrabi

What will you from me? Let me in peace.
Speak me today not on. I am loaded!

Früher einmal: Jemand pfiff einer Frau nach. Es soll welche geben, die noch heute von so einem Ereignis zehren.

Beobachtung: Eine jugendlich scheinende Frauensperson geht auf der Straße, hinter ihr ein Mann. Gelüstevoll betrachtet er sie von oben bis unten und zurück. Er überholt sie. Von der

Seite betrachtet erweist sie sich als überreif, von vorne ganz zu schweigen. Dem erschrocken-enttäuschten Manne sinkt Kinnladen usw.

Wohin im Urlaub? Vielleicht einmal in eine Ent-Sorgungsanstalt – falls nicht gar zu teuer. Und falls es sowas gibt.

Die Haare sind ausgegangen. Sie haben beschlossen, nie mehr zurückzukehren.

C. F. Meyer: „... und du selber? Bist du echt beflügelt?
Oder nur gemalt und abgespiegelt?
Gaukelst du im Kreis mit Fabeldingen?
Oder hast du Blut in deinen Schwingen?"

Ausgiebig fernsehen. Manchmal vier Parallelprogramme.

W. Bergengruen: „... Versichert war er nicht und nicht im Sportvereine.
Er ging zu keiner Wahl, er diente keinem Herrn,
sang nicht im Kirchenchor, Zeitungen hielt er keine.
Doch daß ich's nicht vergeß: er hatte Rettich gern."

SCHREIBEN ist, wenn man in aller Stille was verlauten lässt, wenn man sozusagen leise Laut gibt.

SCHNEEFLOCKE, hauchdünner Kristall, immer gleiche, sechseckige Grundstruktur, jedes Gebilde ein anderes. Gro-

ße Symmetrie mit ein bisschen Chaos. Formenbestandteile können Nadeln, Plättchen, Prismen u. v. a. sein. Erforschung bereits durch Johannes Kepler (1571 – 1630): „De nive sexangula" (Vom sechseckigen Schnee)
„Jede Flocke durchläuft einen individuellen Werdegang und erschafft ihre eigene kristalline Chronik einer Reise durch den Sturm" (Ian Stewart, amerikanischer Mathematiker)

Zahnrückendurchziehbimsmaschine (aus einer Kammerzeugungs-Dokumentation)

Frost und Frust – ein Wortepaar – wie gemacht für den nicht enden wollenden Winter.

MIT DER KUH AUF DU UND MUH. Ein Forscher hat die Sprache der Kühe analysiert, ihre Muhbotschaften entschlüsselt. „Eine Kuh macht Muh, viele Kühe machen Mühe." Auch dies war in dem Bericht zu lesen, ist jedoch die Aussage eines Menschen und nicht eines Hausrinds.
Ein Bioakustiker ist auf das Erkennen und Verstehen tierischer Laute spezialisiert. Der Muh-Analyst
hat mehr als 700 Laute untersucht und dabei sieben Muh-Botschaften entschlüsselt (z. B.Kuh ruft Kuh, Kuh ruft Kalb, Kuh will gemolken werden). Ein eindringliches Mööh kann für Hunger, Durst, aber auch Schmerzen stehen.
Ein weibliches Rindvieh muss heutzutage sehr viel leisten. Mindestens 6000 Liter Milch hat es freizugeben, um als sich rechnender Milchlieferant anerkannt zu sein.

Eine Dame bekommt aus irgendeinem Grund einen BLU-MENSTRAUSS überreicht. In neunundneunzig Fällen ist es kein selbstgepflückter, sondern ein gekaufter. In neunundneunzig Fällen die Dame: „O, für mich?" oder „Ist der für mich?". Nona. Es folgt eine weitere Floskel, zu einer Geste mutiert, nämlich ein Höflichkeitsschnüffeln. Obwohl jeder Mensch, also auch jede Dame weiß, da gibt's nichts zu schnüffeln bei diesen Geschöpfen aus Natur und Kunst(-dünger etc. etc.).

... in der Hoffnung sein, dass diese nicht trügt ...

Glücklich der Haushalt, welcher sowas nicht aufweist: Ein Körberl, einen Teller, eine Schüssel oder ähnliche offene Aufbewahrungsanstalt mit diversestem Kleinzeugs, als Sammelbecken für Dinge, die man gut missen könnte, es aber doch nicht tut. Es vereinen sich daher altersgeschwächte Gummiringerl, ausgerenkte Büroklammern, ein Spiralfederl von einem ausgedient habenden Kugelschreiberstil, ein stumpfes Bleistiftstumperl, eine Schraube, die einmal irgendwas mit irgendwas verbunden gehabt hat; dazu ein halber Druckknopf ohne Widerpart, ein Minischlüssel, vielleicht von Tante Olgas nicht mehr auffindbarem Kassetterl – Erbstück, kann aber auch von ganz woanders sein. Niemand mehr wird es je erfahren. In dem Behältnis suhlen sich ferner seit Jahr und Tag fünf Versandcouvertverschlüsse, eine gefundene Brosche ohne Nadel, ein Gummiknopferl werweißvonwo, eine alte Batterie, ein verwaistes Ohrringerl, drei Reißnägel, zwei Münzen aus vergangenen Tagen, eine kleine Miesmuschelschale und ein geädertes Steinderl sowie eine Kerze, mehr tot als lebendig. Dies alles, um einen Teil des Wohnungsstaubs einzufangen und aufzunehmen. Es wird eigentlich nie mehr gebraucht werden. Und doch – wetten, dass es erst mit bzw. nach dem Eigentümer/der Eigentümerin in die Ewigen Jagdgründe eingehen wird, das Zeug.

Eine Variante ist die Ver- bzw. Ansammlung von Schlüsseln verschiedenster Ausprägung. Der Teil, der ererbt wurde, wird im eigenen Leben z. B. mittels Übersiedlungen ergänzt und erweitert. Für nix.

Oder zum Weitervererben.

Fast ohne Hoffnung sind auch Haushalte, welche mehr oder weniger Nutzloses im Umfang von ganzen Laden- oder gar Kasteninhalten aufweisen. Wer sowas angesammelt hat und sich nach Jahren/Jahrzehnten einmal entschließt, so eine Lade vielleicht zu kippen und den Inhalt durchzusehen, wird, wenn er nicht gerade von gutem Geist erfüllt ist, sie wieder vollständig einräumen, nicht ohne – nutzlose – Hoffnung, irgendwann einmal wenigstens irgendetwas davon ge- bzw. verbrauchen zu können. Falls man sich erinnert, wo sich's befindet, das Ding. Falls man sich überhaupt daran erinnert, dass man's hat.

Heute ist der 14. März; es schneit schon wieder und ist kalt. Dieser Winter wird einen großen Schaden hinterlassen bzw. nach sich ziehen; abgesehen von den enormen Straßenschäden: Viele Bäume haben dem Schneedruck nicht standhalten können. Gärtner bleiben auf ihren Pflanzln sitzen. Die Bauern können nicht mit der Feldarbeit anfangen. Die Bienen beginnen um diese Jahreszeit auszufliegen. Usf.

Sendung im Radio über „sprachlose Medizin". Auch ich könnte über die Kommunikationsunfähigkeit vieler Ärzte zum Schaden ihrer Patienten und letztlich auch zu ihrem eigenen einiges berichten ... Sprechunlust. Sprechunvermögen.

Heute ist der 20.; kalendarischer Frühlingsanfang 19.26 h, so heißt es. Der erste Tag seit Winterbeginn im vorigen Herbst, dass es nirgendwo in Österreich geschneit hat. Meldung an diesem ersten schönen halbwegs warmen Tag: Feinstaubalarm. An diversen Punkten im Land Österreich ist das „Soll" (= das Darf) fürs ganz Jahr schon erfüllt. Sauba!

Bayr. Fernsehen, „Münchner Runde". Es waren nur der Befrager und der Altbundeskanzler Kohl anwesend. Obwohl Kohl nach eigenen Angaben Gewicht reduziert hat, war in dieser Runde nichts bzw. niemand zu vermissen.

noch kaum
kaum noch
Zweimal dieselben Wörter, und doch driftet der Sinn auseinander bis ins Gegenteil.

Ich benütze einen Fußgängerübergang an einer Straßenkreuzung. Das erste der wartenden Autos beinhaltet neben dem Fahrer einen großen Hund als überaus konzentriert geradeaus schauenden Beifahrer/ Beisitzer. Er wirkt ungeheuer intelligent, sodass ich ihm ohne weiteres zutraue, bei Bedarf eine Straßenkarte lesen zu können.

Freilich kann man sich täuschen.

Mobilmachen per Mobbilisierung

Aus einer Zeitschrift: „Wohlfühlen ein Leben lang". 33 Punkte werden angeführt, um möglichst angenehm alt zu werden. Darunter: Viel Parmesan – stärkt Zähne und Knochen. Gute Zahnpflege – Entzündungsbakterien können das Herz schädigen. Musizieren – weniger altersbedingter Abbau von Nervenzellen. Ausgiebiges Gähnen – versorgt alle Organe plus Gehirn schnell mit lebenswichtigem Sauerstoff.

Zwei Damen in Weiß

Die zwei Damen in Weiß
sind einander nicht grün,
wiewohl blutsverwandt.
Sie wohnen unter einem Dach.
Leider – denkt jede von ihnen. Und:
Wie schön wäre es,
mit meinem Frauerl allein zu leben
und den Kratzbaum nur für mich zu haben.

Wohnungengefüge, Hühnerbatterie, Schuhschachtelkonglomerat, umringt von Lärm: stundenlang rinnendes Wasser, als ob ein Schwimmbad gefüllt werden sollte. Betonbohrmaschine. Geduldiges Hundegekläffe plus greinendes Kleinkind plus externer Grüntonnenausspritzungshochdruckstrahl (mit Sporenverteilung). Überdrüber die ausufernden Flugverbindungen –

Himmel manchmal kondenskariert.

Alte Frau, der ich einen Besuch ankündige, jedoch ohne Zeitangabe: „Da kann´s aber sein, dass ich gerade aushäusig bin."

Morgen ist für mich Stichtag – lasse mir Auffrischung gegen FSME verpassen.

Leben und Nähmaschinen – manchmal falsch eingefädelt.

Erst strich er seinen Schnurrbart, dann den Bass.
Lärmreiches Herumsägen auf dem Cello.

Zwei neue Süßspeisen aus meiner Wortküche: Googlehupf; Pferdeapfelstrudel.

Er ist seit Tagen sehr kalt, dieser Frühling, man braucht Handschuhe. MUFF fällt mir ein. Kleine Mädchen waren damit früher ausgestattet, manchmal auch kleine Buben. Meiner war aus Hasenfell und ich hatte ein sehr zwiespältiges Verhältnis zu ihm: Das Fell außen war weich, aber eben von einem armen Hasentier. Das Innere , mit TAFT gefüttert, wies ledrig harte Wülste auf, die den Stoff stellenweise aufrieben und die mir äußerst unangenehm waren. Eines Tages blieb er irgendwo zwar nicht zu meiner Mutter, doch zu meiner Erleichterung auf der Strecke.

B. erzählt von seiner langen Kiew-Reise und dem damit verbundenen Kürzest-Aufenthalt. Er schwärmt von der Kiewer Torte, deren zum Verkauf stehende Stücke seinen Schilderungen nach riesig sein müssen.
Ostern werden zu den Gräbern Milchbrot, Eier und auch Wodka gebracht. Die Bettler holen es sich wie auch unzählige herrenlose Hunde und Katzen.

4 Tonnen Futter, gewonnen aus Fischen, werden benötigt, um in einer einschlägigen Farm 1 Tonne Fische zu produzieren.

Zeit vor Ostern. Um den stark vermehrten Eierwünschen nachzukommen, werden von den (indirekten) Erzeugern Hühner dazugeleast.

Warenangebot in Kaufhallen, Geschäftszeilen etc.: So viel, was ich nie brauche und auch hoffe nie zu brauchen ... Freitagnachmittag, Fastenzeit. Die Leute kaufen ein wie berauscht. Gestern kein Feiertag, morgen kein Feiertag; die Einkaufswägen quellen über.

Reklame für ein Kosmetikprodukt; „Myokine" von Vichy, Euro 26,90, f ü r   e r s t e   F a l t e n.

Im Konzertsaal. Alle lauschen ergriffen. In einer kurzen Pause steht ein Zuhörer auf und ruft in die Runde: „Ist ein Arzt unter Ihnen?" Ein Mann erhebt sich: „Ja, hier. Was kann ich für Sie tun?" – „Ist das nicht ein wunderbares Konzert, Herr Kollege?" (nach Harry Rowohlt)

SOMMERTAGE IM INNVIERTEL

Erstbegrüßung durch Tobi – seines Zeichens Scotchterrier.
Er ist kein Bursch von Traurigkeit,
vollführt allerflinkste Freudentänze, ob für Bekannte oder
Unbekannte.

Das bäuerliche Einhaus liegt in einer sanften Senke,
an einem Bach wie aus einem Kindheitstraum.
Getreidefelder, denen Kornblumen noch kein Fremdwort sind.

Jeder unserer Tage ist ein Sonnentag. -
Vom Hügel sieht man weit hinaus ins Land,
Berge spielen keine Rolle hier.
Am Wegrand blüht Kamille; Glockenblumen und Margeriten
sind zu sehen.
Sträucher mit sommerwarmen Beeren werden bewacht und ver-
teidigt von herber Brennnessel.

Aus den Fensterhöhlen eines verlassenen Gehöfts dringt Kälte
in die Hitze des Tages,
vor allem aus dem Stall mit dem Tonnengewölbe.
Wie haben Mensch und Tier – alle längst tot – hier gelebt?
Vor dem Haus eine zerfallende Holzbank mit Schnörksel an den
Armlehnen.
Vom alten Baum daneben pflücke ich einen leiseduftenden rot-
marmorierten Apfel,
während Mücken einen Innviertler Mückentanz tanzen.

DIVERSES

25. 3. In Radeck viele wunderbare Himmelsternderl neben einem Bauernhof. Nur dort waren welche zu sehen auf dem gesamten Weg von Bergheim über Maria Plain nach Kasern.

Welcher Mensch hat nicht starke Schwachstellen?

Ein mittelaltes Paar geht vor uns. Sie hat X-Beine, er O-. Ausgleichende Gerechtigkeit? Sie gehen einhellig im Gleichklang, ohne Wortetausch. Ich denke, da macht keiner mehr dem anderen ein X für ein U bzw. O vor. Sie gehen nebeneinander ohne Abweichen, denken vielleicht konform, uniform. Vielleicht aber auch nicht; möglicherweise driften ihre Gedanken weit auseinander ...

Der Meeresspiegel ist nicht überall auf der Erde gleich hoch, las ich. „Normalnull" bedeutet nicht, dass – abgesehen von Ebbe und Flut – überall das gleiche Meeresniveau herrscht. Satellitenmessungen zeigten: Nordöstlich von Australien ist der Meeresspiegel 85 m höher, im Indischen Ozean teilweise 100 m tiefer als im Durchschnitt. Die Ursache: Schwerkraftanomalien der Erde.

Liebe

Du musst Hügel und Dünen überqueren
um ins geliebte gelobte Land zu gelangen.

Wärmend umkreist der Golfstrom
die Symphonie in Dur und in Moll.

So mancher wollte schon am Karriere-Riff anlegen, zerschellte jedoch daran.

Im Frühling meines Lebensherbstes

Frühling ist's. Du hast mich zum Keimen gebracht.
(Ich habe deinen Rat befolgt und mir ein Keimgerät gekauft.)
K ÜRBIS K ERNE K EIMEN.
B IS B ALD.

In einem Abschlusskonzert in der Frohnburg. Ein junger Blockflötist (Chr. H.), sympathisch und engagiert und hochtalentiert, legt seine Prüfung ab, u. a. begleitet von weicher Gambe, deren Klang ich so sehr liebe, und noch einem wunderbaren Instrument – einem Barockfagott, meisterhaft gespielt von einer Japanerin (M. K.). Neben mir kommt ein kleines Mädchen zu sitzen, das ein Blumengebinde überreichen soll. Das Gebinde fällt während des Konzerts zweimal hinunter, die Blumen knicken. Bei der Übergabe – scheu und doch auch irgendwie draufgängerisch – sagt die schätzungsweise Fünfjährige mit Hinweis auf den Inhalt der kunstvollen Seidenpapierumrahmung: „Die sind noch ein bissi kaputt."

„Hoffen ist nicht die Überzeugung, dass etwas gut geht, sondern die Gewissheit, dass etwas Sinn hat, egal wie es ausgeht." (V. Havel)

Schmerz – der erste Stein einer Brücke über die Flut ...(Las ich neulich irgendwo.)

Meine SEHNSUCHTSMAPPE, gefüllt mit Namen von Musikstücken und Liedern – zu hörenden und selbst auszuführenden – sowie Wunschreisen in Städte und Länder, wird in dem Maß umfangreicher, als ich älter und alt werde. Zur Sehnsucht gesellt sich die Wehmut.

Ich möchte DICH als Süßspeise. Schokolade schmeckt mir nicht mehr.

G. Trakl: „Was fällt mir am schwersten? – Warten.“

„Eine Branche im Glückstaumel“ (Zeitschrift): Weltweit zurzeit ca. 2500 „Kontakthöfe“ (Partnervermittlungen) im Computernetz.

Fernsehen. Hundefaschingsparty. Ein Pudel z. B. „ging“ als Matrose, ein Schnauzer als Biene Maja. Hundegeburtstag. Einer der Hundegäste bringt dem zu Beglückwünschenden eine Sonnenbrille um Euro 79,- zum Cabriofahren mit.

In Bayern: Gesellschaft zur Förderung des Ansehens der Blut- und Leberwurst

Als Kind. Kommunion. Hostie. Wenn sie am Gaumen picken geblieben ist, große Befürchtung, dass hiermit wieder eine Sünde begangen worden war ...

Bärenausstellung, voriges Jahr. Laut Händler bestverkäuflich: Bär Benedikt. Angeblich hat der Papst einen als Geschenk bekommen.

Kürzlich indischer Spielfilm im Fernsehen („Nur dein Herz kennt die Wahrheit"). Einmal wollte ich mir einen ansehen. Herzschmerz in Überlänge, jedoch interessante Landschaft, interessante Musik. Was mich enorm fasziniert hat: die beiden Hauptdarsteller (Aishwarya Rai, Arjun Rampal) waren von enorm großer Schönheit; der Mann hat mich noch mehr fasziniert als die Frau.

Eine Gruppe Klosterschwestern. Ein Bus hat sie entlassen, sie ziehen Richtung Innenstadt, einander sehr ähnlich, auch ufgrund einer gewissen, vielleicht von mir nur eingebildeten Alterslosigkeit. Kleine Abweichungen in den Brillenfassungen, in den Dioptrien wahrscheinlich ebenfalls, in den Umhängetaschen, in den Schuhen.

Mirabell. Wie mager der Irrgarten ausschaut. Verirren beim besten Willen nicht möglich.

Ich höre, wie jemand jemandem erzählt von einem Deutschen, der in Wien nach dem Weg gefragt hat und zur Antwort bekommen hatte: „Gengan S´, schleichn S´Ihna." Später teilte er dies jemandem mit und sagte noch: „Ich war total geplättet."

(Vor 1990?) Begräbnis der Flüchtlingsfrau Marie aus Rumänien; in der Früh Frage von H.: „Wirst du weinen bei der Beerdigung?" – „Das weiß ich noch nicht."

In der Aussegnungshalle. Ich stehe im Hintergrund. Zwei Gruppen von Letztesgeleitgebern stehen einander vis à vis, frühere Landsleute aus der fremd gewordenen Heimat sowie jetzige Landsleute aus der nicht zur Heimat gewordenen hiesigen Fremde. Prüfende Blicke gehen hin und her. Voyeure hüben und drüben. (Später sagt jemand, vom Geheimdienst war auch wer da.)

Bin irgendwie erleichtert, als neben dem Wortschwall des mir unsympathischen Geistlichen endlich Weihrauchschwaden zu mir dringen.

In der schwarzen Truhe Dritter Klasse – da liegt sie also, Marie. Wie oft hat sie, die mir Jahre zuvor „zugewiesen" worden war, gesagt: „Tu es mon ange." Jedes Mal habe ich abgewehrt und sie hat mein Abwehren abgewehrt.

Abends Rückfahrt mit dem Zug: wie öfters im Dunstkreis eines Betrunkenen. Manchmal hat irgendein Landmensch zu viel geladen in der Stadt. Müde, traurig, manchmal stänkernd, manchmal witzig sein wollend hockt er dann da, mit wirrem Haar und verrutschter Krawatte.

DIVERSES

5. 7. erste bäuerliche Frühäpfel (-apferl) in Anthering aufgeklaubt und verspeist.

In Äthiopien werden ca. 70 einheimische Sprachen verwendet.

Drewermann: Von ihm gibt's bis jetzt 70 Bücher.

Konfuzius: Sitten und Musik sind die Grundlage für Ethik.

Handy: ‚Kommunikationsfaustkeil‘. Hab ich neulich gehört.

In die Wechseljahre kommen: Die Eieruhr tickt.

Buddha-Tee

Sexualstraftätertatei

Kater Flitzi – einst ein süßes Katzenkind (hat man schon einmal ein nicht süßes Katzenkind gesehen?). Es entstammt einer Katzenfamilie mit stark positiver Geburtenbilanz.

Beinah unvorstellbar: Laut neuesten Untersuchungen befinden sich im Zigarettenrauch um die 12.000 Chemikalien.

‚Witze für Kinder':

- Max begleitet seinen Vater beim Kauf neuer Scheibenwischer. Zuhause berichtet er der Mutter: „Papa hat sich neue Klammern für seine Strafzettel angeschafft."

- „Die Schmerzen in Ihrem linken Bein sind altersbedingt", sagt der Arzt zu Herrn Müller. – „Das kann nicht sein – mein rechtes Bein ist genauso alt und es tut nicht weh!"

- Der Lehrer kramt in seinen Unterlagen. Ein Schüler fragt: „Wollten Sie uns nicht heute etwas über das Gehirn erzählen?" – „Später; im Augenblick hab ich etwas anderes im Kopf!"

- Was ist das, wenn sich zwei Dummhausener gegenseitig Strohballen zuwerfen? – Das nennt man Gedankenaustausch.

- Was ist der Unterschied zwischen einem Knochen und einer Schule? – Der Knochen ist für den Hund, die Schule für die Katz.

ORF: ‚Die Schwellenländer sitzen vor den Toren der G8.' (Nachrichten)

‚Wir müssen das Ganze auf finanzielle Beine stellen' (ein Sportfunktionär)

Herbst 08

Neulich, ein Germanist: Manche Leute kommen mit 800 Wörtern aus. Goethe hat 60 000 verwendet, manche davon hat er selbst geprägt.

Ehemaliger Asylwerber im Rundfunk: Ich bin ein österreichisch Staatsbürgerschaft ...

Semesteranfang: Hi school!

Verkostung werdenden Weins: Sturm im Wasserglas

FAO: Es könnten zur Zeit doppelt so viele Menschen ernährt werden, wie gegenwärtig auf der Welt sind.

Eine Bekannte erzählt von einem Konzertbesuch. Ein älteres Paar sitzt vor ihr. Der Mann ist am Einnicken, sein Kopf sinkt immer tiefer. Die Frau gibt ihm einen Schubser, worauf es ihn hochreißt und er – mitten in einem Musikstück – fest zu applaudieren anfängt.

Ein Somalier: „Typisch für Österreich ist Schwarzarbeit, Schwarzgeld, Schwarzfahren und Schwarzsehen. – Ich bin schwarz, also bin ich ein typischer Österreicher!?"

Rundherum, wo ich wohne, und auch anderweitig: Es ist immer wieder einmal großes Bäumeschlachten angesagt; die Mörder sind unterwegs.

Leben ist das, was passiert, während du eifrig dabei bist, andere Pläne zu machen. (John Lennon)

Was wir wissen, ist ein Tropfen. Was wir nicht wissen, ist ein Ozean. (Isaac Newton)

Zu den aussterbenden Wörtern gehören z. B. ‚griabig'
(originell, komisch, witzig, amüsant)
‚miachtln' (schlecht riechen, z. B. feuchtes altes Gewand)
Vor meiner Zeit: „... war damals sehr im Schwange ..."
(gebräuchlich, aktuell)

Es ist nicht wichtig, wo man herkommt. Wichtig ist, wohin
man geht. (Unbekannt)

Bekannter erzählt von seiner Firmung, in Wien, durch Kardinal
König. Während der Zeremonie hat er dauernd an eine große
dicke Schaumrolle denken müssen.

Neulich wollte/sollte ich eine der Grundrechnungsarten durchführen, nämlich dividieren, eine vierstellige Zahl durch eine
dreistellige. Es ist mir nicht gelungen. Ich merkte, ich kann nur
mehr addieren, multiplizieren und subtrahieren. Und was sind
wir gequält worden in der Schule ...

Wer schwer ist, hat's nicht leicht im Leben. (Ich habe inzwischen acht Kilo abgenommen. Ob's mir im Leben / mit dem
Leben nun leichter geht, sei dahingestellt.)

Neulich Rundfunkmeldung: EXXON-„Multi": 1000 Dollar
Gewinn. Hab jetzt vergessen, ob in der Sekunde, Minute oder
Stunde.

Luxus-Hundeboutique neu hier in der Stadt: vom „exklusiven Pullover über Designerbrillen zum bequemen Sofa" Weiters u. a. Jacken im exklusiv gefertigten Trachtenlook, edelsteinbesetzte Halsbänder, Designerfressnapf, CDs mit individuell für das Hundetier komponierten Melodien.

Mönchsberg. Bei Frau P.-R., alte Dame, Tochter von N. W., Entdeckerin/Finderin der Schnabelkanne vom Dürrnberg. Die Familie lebte damals in Hallein, die Mutter war viel unterwegs, die Kinder oft mit ihr, an dem Schnabelkannetag jedoch war Schule und die Tochter nicht dabei ...
Frau P.-R. wohnt hier in dem ehemaligen zerfallenen, zerfallenden Bauernhaus. (Ihr Mann lebt in Wien.) Die Mutter mit den Kindern hat es wieder aufgebaut, saniert, renoviert. Eintrag meinerseits ins Gästebuch, das als Bau-Tagebuch Anfang der Fünfzigerjahre von der Mutter begonnen worden war, mit Fotos des Urzustands nach dem Erwerb aus klösterlichen Händen und des Sanierungsfortschritts. Ausstattungsmaterialien hat die Mutter z. T. mit dem Handkarren herauf- und herangeschafft:
Fundstücke, z. T. aus Schutt geborgen, zieren heute bzw. seit Jahrzehnten in einzigartiger Weise die diversen Räumlichkeiten. Der Dachboden ist voll von Aufzeichnungen der Mutter. Aufheben oder weggeben (vernichten) ist die Frage, die sich Frau P.-R. stellt. Ihr Mann – in Wien lebend – rät zu Letzterem, erzählt sie mir, sie tendiert zu Ersterem, was ich gut verstehen kann.
Sie hatte mich zu sich eingeladen nach dem Kennenlernen bei einer Veranstaltung. Mein Musizieren hat sie ein bisschen be-

zaubert. Das reizende alte Haus: Ich war vor Jahrzehnten schon einmal hier. Nun ein bisschen modernisiert (z. B. Fußbodenheizung), nach dem Tod der Mutter in den frühen Neunzigerjahren.

Kater Maxi im Garten, immer wieder platzerlwechselnd je nach Sonnenstand. Ein Genießer.

Der Garten – bezaubernd wie das Haus und sein Inneres. Frau P.-R., über 80, immer noch sehr attraktiv, bewältigt die Arbeit alleine.

Habe u. a. einen Pflanzenableger mit heim bekommen, Fund ihrer Mutter im Pongau und von ihr mitgebracht, gelb blühend, duftend, mit langen schmalen Blättern. Noch blüht die Blume nicht. Ich hoffe, die Pflanze „geht an".

Im Garten unter anderen eine Zirbe. Im Haus eine offene Feuerstelle, die einzige erhaltene im Stadtgebiet, mit strenger Denkmalschutzauflage. Das Esszimmer war vorher der Stall gewesen ...

Frau P. erzählt von Maxi, Halbangorakater, dass er einmal sehr verfilzt war und sie sich nur mittels einer größeren Rasur zu helfen wusste. Da es draußen nicht sehr warm war, bekam er vorübergehend einen Puppenpullover angezogen, was er sich ohne weiteres gefallen ließ. Sein Futter bekommt er immer zu einer bestimmten Zeit am späten Nachmittag. Neulich plauderte sie mit jemandem genau um diese Uhrzeit. Er hörte es sich kurz an, dann sprang er Frau P. vehement fordernd an. Sie musste zwar lachen, aber einen Klaps bekam er doch. Und bald darauf seine Mahlzeit.

Von Quintus berichtet sie mir auch. Er war ein Jagdhund. In den Fünfzigerjahren gab es noch kein fließendes Wasser oben auf dem Berg, nur – in einiger Entfernung vom Anwesen – einen Ziehbrunnen. Des Hundes Aufgabe war es, mittels Kreisgang das Wasser mechanisch heraufzuholen. Er mochte das nicht gerne. Wenn man sagte: „Komm, wir gehen Wasser holen", dann tat er ganz arm und krank, hob leidend seine Pfote oder hinkte gar. Wenn es aber hieß: „Komm, wir gehen spazieren", dann war er pumperlgsund.

Aus < Jesus und seine Habara >: „Schnapp dei Harpfn und seil di a."

Ich höre zwei Frauen miteinander sprechen: „Schön ham Sie's da hintn bei der Terrasse!" – „Ja, das is schön, oder?"

„Wo man am meisten fühlt, weiß man nicht viel zu sagen."
Annette v. Droste-Hülshoff (1797-1848)

Ein Bekannter geht regelmäßig in ein Fischrestaurant zum Essen. Regelmäßig in der Nähe sitzt eine Frau mit derselben Absicht. Regelmäßig entnimmt sie ihrem Mund einen Teil ihres Gebisses, den sie neben das Gedeck legt.

Wahre Begebenheit: Ein Ehemann und Vater feiert seinen 50. Geburtstag im Kreis der Familie. Dabei eröffnet er seinen Leuten, dass er hier und jetzt Schluss macht und ein komplett neues Leben anfangen will bzw. wird.

Plüschtiere, eingesetzt in japanischen Seniorenheimen: Es sind interaktive Roboter, die bei Berührung z. B. grunzen oder die Augen verdrehen „zur Steigerung des Wohlbefindens älterer und alter Leute".

Das rechte Maß zu finden – eine Kunst, die zu beherrschen günstig wäre. Ich denke an vegane Bekannte, die nach Jahren zu großer Einseitigkeit in Ernährungsbelangen körperlich zu leiden haben (hier: Das Gehen fällt immer schwerer, weil es so schmerzt). Es war fast kein Getreide in den Essplan eingebaut worden.

Ungeliebtes sichtbares Altern – in einen Verkleinerungsspiegel schauen?

Nach dem prachtvollen Blühen färben sich Magnolienblüten-blätter braun. Im Herbst erhalten einige der Blütenansätze die Chance eines Zweiten Frühlings.

Spray- und Kritzelsprüche Stadt Salzburg:
- Michael ist ein Flasche
- Rettet dem Dativ

Früh am Morgen: Augennachtschattenblinzeln.

Vor der Auslage eines Geschäfts. Ein Vater mit seinem Sohn steht davor und fragt diesen, was ihm von der ausgestellten Ware gefällt und er gerne haben möchte. Als ich dies höre, denke ich, dass ich seit dem Tod meiner Eltern, welcher innerhalb eines einzigen meiner späteren Jugendjahre vor sich ging, eigentlich von niemandem mehr nach besonderen Wünschen gefragt worden bin. Zumindest habe ich keinerlei Erinnerung daran. Ich versuche, mein Selbstmitleid in Grenzen zu halten. Noch dazu, als ich jetzt im fortgeschrittenen, fortschreitendem Alter ohnehin versuche, Materielles abzubauen. Da ich dies auf (?) bzw. nieder (?) schreibe, fällt mir eine Stimme ein, von der ich heute nicht mehr weiß, wem sie gehört hat. Jedenfalls sagte die Person irgendwann einmal zu mir: „Es ist sehr schwer, Ihnen etwas zu schenken."

Neulich schwierige Entscheidung bzw. Nichtentscheidenkönnen: Ich sah vier Fernsehbeiträge „auf einmal" an. Es war nervig, aber ... trotzdem ...
Besser ist es, ganz abzuschalten und die sozusagen geschenkte Zeit mit Nützlicherem oder Schönerem zu verbringen ...

Fernsehen. Neuester Schmuck in/aus den USA: lebendige Kakerlaken, verziert mit Glitzersteinen. Die Tiere sind mittels eines Kettchens am Kleidungsstück befestigt und krabbeln „frei" herum.

„Ein einzelner Baum, der gefällt wird, macht viel mehr Lärm als ein ganzer Wald, der heranwächst." Chinesisches Sprichwort.

Innerstädtische Spatzen bei offensichtlich nahrhafter Bushaltestelle. Ein wohlgefüttertes Spatzenkind sperrt dauernd seinen

Schnabel auf. Die abgehärmt wirkende Mutter kann gar nicht schnell genug Bröserl um Bröserl nachlegen. Dauert die Suche etwas länger, pickt sich der Kleine zwischenzeitlich selbst Gustostückerl auf, um sie als Zu-Brot hinunterzuschlucken.

Fußballweltmeisterschaft. Auf dem Residenzplatz ist eine Großbildanlage zu Direktübertragungen installiert. Gleichzeitig läuft eine Art „Kunst"-Festival, u.a. mit „Klangereignissen". Nicht nur die Kutschpferde scheinen darunter zu leiden. Um die schmerzenden Töne fernzuhalten, haben manche Kutscher – so hörte man in einem Radiobericht – ihren Tieren Mozartkugeln in die Ohren getan. Das Wetter ist zurzeit gut, es ist sommerlich heiß.

Aus Kleinanzeigen Kartenlegen/Kartenlesen etc.: Erfolgreiche magische Soforthilfe. Kompetente Zukunftsorientierung. Ihr Schutzengel wartet auf Ihren Anruf. Partnerzusammenführungen und Schwarzmagiebefreiungen. Zukunftshilfe mit Zeitangabe. Herzliche Lebensberatung. 100% Soforthilfe in allen Nöten. Schutzengelrat.

St. Martin In The Filz

Das menschliche Herz schlägt in 80 Jahren rund 3 Milliarden Mal und befördert dabei ca. 200 Millionen Liter Blut durch Gefäßleitungen von etwa 96.000 km Länge.

Meine neue CD, zusammen mit einem Pianisten. Sie ist aufgenommen, aber noch nicht fertig. (Alte Wiener Lieder, Irisches, bearbeitet von J. Haydn, Kinderlieder 19. Jhdt., und noch Einzelnes nicht oft zu Hörendes.) Eher für mich und für meinen Begleiter aufgenommen, denn – es ist eher schwer, sowas zu verkaufen. (Auch wenn Leute noch so loben) Und ich bin keine Verkäuferin, es liegt mir absolut nicht!

Neu errichtetes Wembley-Stadion. Es hat angeblich 1,4 Milliarden € gekostet.

Vor einiger Zeit Fernseh-Dokumentation Eremitage St. Petersburg. Laut eines über 200 Jahre alten Dekrets sind auch heute noch Katzenunterkünfte bereitgehalten, zurzeit werden ca. 70 Tiere betreut (gefüttert, verarztet etc.), sie halten sich zumeist in den tiefstgelegenen Räumlichkeiten (Heizungsrohrwärme …) auf.

Notiz: 27° und noch nicht einmal Mitte April.
Wärmster vergangener Herbst, wärmster Winter, wärmster Frühling …
Heuer war ich am 28. April das erste Mal schwimmen im Freien.

- Familienministerin im ORF, April 07: „… das Institut der Ehe …"
- ORF-Lokalnachrichten im selben Monat: „… 22 Sturmschäden wurden bereits genehmigt …"

„… aus Gründen, über die ich mich jetzt nicht verbreitern möchte" (LHstv. Haslauer, Juni 07)
August
Am 31. 7. hatte es im Lungau morgens 2°.

ORF-Hauptnachrichten; Präs. Christoph Leitl: „Ich bin einer, der miteinander redet."

Amerikaner sagte „… that Wischi-Waschi" (Ob das wohl mit sh geschrieben wird?)

„Rot und Blau is in (= dem) Bauern sei Frau", auch: „sei Sau".
Ausspruch aus meiner Kindheitsumgebung.
Ein anderer: „Da staunt der Laie und der Fachmann wundert sich."

Turm von Dubai, zurzeit mit 512 m höchstes Gebäude der Welt; soll auf 700 m aufgestockt werden, hieß es in den Nachrichten.

Abu Dhabi: Der österr. Architekt V. B. hat ein Bautenkonglomerat geplant, das die Fläche von 74 Fußballfeldern umfasst.

Angeblich weint ein Mensch in seinem Leben durchschnittlich 70 Liter. Kann ich mir schwer vorstellen. Aber vielleicht bringt man als Säugling und Kleinkind schon einen großen Vorsprung zsamm?

Zehengliederamputationen bei Models, damit sie sozusagen besser in high heels passen.

Angeblich werden allein in Österreich pro Tag 22 ha Land verbaut. Hoffentlich stimmt´s nicht.

Permafrostbereiche: Veränderungen ziehen auch die des Bergsteigens nach sich. Steinschlag, wo früher keiner war etc.

Witze aus Kinderzeitung:
- Arzt zu Patienten: „Also, ich stelle bei Ihnen ein Porzellansyndrom fest." – „Und was bedeutet das?" – „Sie haben nicht alle Tassen im Schrank."

Ein Fisch fragt seinen Freund: „Borgst du mir deinen Kamm?" – „Nein, du hast ja Schuppen."

Ein Aufseher zu einem Angler: „Sie dürfen hier nur mit einem Erlaubnisschein angeln." – „Danke für den Tipp; ich hab's dauernd mit einem Regenwurm versucht."

Erster Preis im Gewinnspiel eines Ärztemagazins: Blinddarmoperation für 2 Personen in einer Klinik eigener Wahl.

Zwei Vogelzüchter unterhalten sich: „Mir ist was Tolles gelungen! Ich hab einen Specht mit einer Brieftaube gekreuzt." – „Und was ist dabei herausgekommen?" – „Eine Taube, die anklopft, wenn sie die Briefe bringt."

Was ist Wind? – Luft, die es eilig hat.

Ein Engländer, ein Ire und ein Schotte verabredeten sich zu einem Picknick.
„Ich bringe Beefsteak mit", sagte der Engländer. „Ich bringe Kuchen mit", sagte der Ire. „Und ich bringe meinen Bruder mit", sagte der Schotte.

„Herr Ober, was sagen Sie zu dieser verrosteten Schraube hier in meiner Suppe?", fragt erbost der Gast. – „Nichts. Oder glauben Sie, dass mich die Schraube verstehen würde?"

„Papa, warum dreht sich denn die Erde eigentlich dauernd?" – „Du bist doch hoffentlich nicht an meine Cognacflasche gegangen?!"

Der zerstreute Professor kommt von einem Spaziergang zurück und sieht, dass er ein Hundeband in der Hand hat. Er murmelt: „Also entweder hab´ ich unterwegs eine Leine gefunden oder ich hab´ einen Hund verloren."

Die Mutter erzählt der kleinen Anna: „Dich hat der Storch gebracht." – „Und dich?", fragt Anna. „Mich hat auch der Storch gebracht. Genauso wie deine Großmutter." – Am nächsten Tag schreibt Anna in einem Schulaufsatz: „... in unserer Familie hat es seit 3 Generationen keine normale Geburt mehr gegeben."

Eine ältere Frau sagt zu einem kleinen Buben auf der Straße: „So ein kleiner Knirps und schon rauchen. Was sagt denn da deine Lehrerin?" – „Die kann gar nichts sagen. Ich geh ja noch nicht in die Schule."

Der Großvater erzählt: „Als ich damals in Alaska war, haben mich acht Wölfe angefallen." – „Aber Opa, voriges Jahr hast du gesagt, es waren vier." – „Ja, da warst du auch noch zu jung, um die ganze Wahrheit zu erfahren."

Zwei Ziegen treffen sich. „Fein, dass ich dich treffe. Kommst du mit in die Disco?" – „Nein." – „Warum denn nicht?" – „Hab´ keinen Bock."

„Herbert", ruft die Ehefrau von der Haustür in die Wohnung, „hier ist ein Mann, der sammelt für das neue Schwimmbad. Was soll ich ihm denn geben? – „Drei Kübel Wasser."

„Wenn das mit der Entwicklung in diesem Tempo weitergeht", sagt ein Mann zum Pfarrer, „dann dürfen Sie in ein paar Jahren heiraten." – „Ich glaub´, das werd´ ich nicht mehr erleben. Aber vielleicht meine Kinder."

„Du bist vielleicht ein Jäger", höhnt die Ehefrau, „auf der ersten Jagd hast du einen Hund erlegt, auf der zweiten eine Kuh, und jetzt hast du sogar einen Treiber angeschossen!" Darauf er: „Immerhin – der Mann heißt Hirsch."

„Hallo – ist dort der Tierschutzverein? Kommen Sie her! Bei mir sitzt ein unverschämter Briefträger auf dem Kirschbaum und beschimpft meine Dogge."

In einer kleinen, etwas schmuddeligen Pension fragt der Gast : „Ist es hier ruhig?" – „Ja, ganz ruhig." – „Und Sie haben hier keine Wanzen?!" – „Wanzen haben wir, aber die sind auch ganz ruhig."

Frau Maier sagt zu ihrer Nachbarin: „Wegen der Einbrecher lassen wir jetzt immer die ganze Nacht das Licht brennen." –– „Wozu denn das?! Die haben doch ohnehin alle eine Taschenlampe."

Im Zugabteil sitzt ein junger Mann und kaut schweigend einen Kaugummi. Nach einiger Zeit sagt die alte Dame, die ihm gegenüber sitzt: „Es ist sehr nett von Ihnen, dass Sie mich unterhalten wollen, aber ich muss Ihnen sagen, dass ich äußerst schwerhörig bin."

„Ich hab gestern zum ersten Mal meinen Neffen getroffen."– „Und wie sieht er aus?" – „Ziemlich klein, dickbäuchig, fast kahl. Außerdem trinkt er die ganze Zeit." – „Das ist ja eklig. Wie alt ist er denn?" – „Drei Monate."

Zwei Männer verlassen das Spielcasino. Der eine ist nackt, der andere trägt Socken und Krawatte. Meint der Nackte: „Ich muss dich wirklich bewundern! Du weißt immer, wann du aufhören sollst."

Theaterpause. Ein Mann sagt zu seinem Sitznachbarn: „Also die Hauptdarstellerin ist ja eine Katastrophe." – „Das ist meine Frau." – „O entschuldigen Sie bitte. Sicher liegt's an dem unmöglichen Stück." – „Das ist von mir."

Der Fakir sagt zum Verkäufer: „Bitte geben Sie mir 850 Nägel. Meine Frau will nämlich unsere Betten frisch überziehen."

Die Chefin des Schönheitssalons weist ihre Angestellten ein: „Wenn eine Kundin hereinkommt, sagen Sie > Grüß Gott, gnädige Frau < und wenn sie wieder geht > Auf Wiedersehen, gnädiges Fräulein. <"

Wie fühlst du dich denn, seit du mit diesem Maler verheiratet bist?" – „Ziemlich gut. Es wird uns nie langweilig. Er malt und ich koche. Und wenn wir beide fertig sind, raten wir, was es sein soll."

An einem einsamen Gebirgssee fragt ein Wanderer einen Einheimischen: „Wie heißt denn dieses Gewässer?" – „Das ist der Blubb-Blubb-See." – „Komischer Name." – „Das waren die letzten Worte seines Entdeckers."

Ein Mann sagt zu einem Freund: „Stell dir vor, heute habe ich einen wundervollen neuen Porsche für meine Frau gekriegt." – „Meinen Glückwunsch, da hast du ja ein gutes Geschäft gemacht!"

„Hohes Gericht", sagte der Bäcker, „ich gebe ja zu, dass ich Sägespäne in den Teig gemischt habe. Aber ich habe die Ware korrekt als Baumkuchen angeboten."

Ein Heiratswilliger wollte vom Computer die perfekte Lebensgefährtin ausgesucht haben und gab seine Wünsche ein: „Ich brauche eine echte Kameradin. Sie soll klein und putzig sein, Wassersport mögen und Freude an Gruppenaktivitäten haben." Der Vorschlag des Computers lautete: „Heiraten Sie einen Pinguin."

Ein junger Mann zur Blumenverkäuferin: „Ich bräuchte ein besonderes Gesteck für eine nette junge Dame." – „Haben Sie an etwas Bestimmtes gedacht?" – „Ja. Deswegen brauche ich es ja."

Am See Genezareth wollen Touristen mit dem Boot übergesetzt werden. Der Fährmann verlangt von jedem zehn Dollar. „Das ist aber teuer", sagt ein Tourist. „Bitte bedenken Sie, über diesen See ist Jesus zu Fuß gewandelt." – „Kein Wunder bei den Preisen!"

Ein Scheich macht Urlaub in Florida. Als er im Hotel eincheckt, stauen sich in der Hotelhalle seine Bediensteten, Frauen, Kinder und Verwandte mit Unmengen von Gepäck und Geräten, darunter Schi, Schlittschuhe und andere Wintersportartikel. „Es tut mir wirklich leid", stammelt der Hotelmanager, „hier in Florida gibt es keinen Schnee." – „Schon okay, der kommt mit dem übrigen Gepäck!"

Mit einer kleinen Fluglinie geht es ans Ende der Welt. Es ist Mittag. „Möchten Sie eine Mahlzeit?“, fragt der Steward den vordersten Passagier. „Was steht denn zur Wahl?“ – „Nur Ja oder Nein.“

Die Frau eines Schotten kommt vom Arzt nachhause. „Na, was war?“ – „Der Doktor hat mir Luftveränderung verordnet.“ – „Da hast du aber Glück; eben hat sich der Wind gedreht.“

HERZ- UND HIRNKASTL-SPIELEREIEN

- Er saß auf einer Organbank und fasste sich ein Herz, sie anzusprechen.

- Der alte Mime: inzwischen der Graue Star unter den Darstellern.
- Wolken – zart wie das Fell eines Katzenkinds ...
- In Österreich gibt es angeblich beinahe 800 eingetragene politische Parteien, darunter eine Arschpartei, eine Partei der Feigen und Faulen und eine der chaotischen Hackler.
Ausflug auf den Patscherlkofel/Hatscherkofel.
Die Unendlichkeit – nicht auszudenken.
- Beim Computerspiel-Einkauf. Die Mutter: Nimm den do.
- Im Winter wird geschlottert und geschlittert.
- Die täglichen medialen Schlachtzeilen ...
- Ihr Gesicht vor dem Verkünden der endgültigen Trennung: vielsagend und vielfaltig.
- Eine Freundin zur anderen über eine andere: „Die ist auch schon einmal
jünger gewesen."
- Nach Beendigung schwerfälliger Verdauung: Kloria!

Je kalauer, desto besser.

Diese Musik hat eine eigene Note.
Wie ich deinen unausgesprochenen Worten entnehme, bist du mir noch immer böse.

Ich freue mich, wenn ich zu einem Optimahl eingeladen werde.

Der Weisheitszahn der Zeit pocht und nagt ...

lange Haftstrafe für den, der den Greißler um die Ecke gebracht hatte.

Das Kind fuhr mit dem Auf- und Niederzug immer wieder auf und nieder.

Ich bin krank, also lebe ich.

etwas im Unordner ablegen ...

Er schlüpfte mit Wollbehagen in seinen Pullover.

Leutnant Ungustl

Kochrezeptesammlung: Köchelverzeichnis

Auf dem Eislaufplatz heißt es das Eisbein schwingen.

- Lasst minute Reisen!

Wie geht´s? – Gesundheitlich danke, finanziell bitte. (Urheber unbekannt)

Haben und Sein. Sein und Haben: eine lächerliche Figur.

Unterschied: Er aß gerne Chips, Erdnussbutter sowie Pralinen. Sie ebenfalls. Aber sie hatte wenigstens ein schlechtes Gewissen dabei.

Was in diesem Film gezeigt wurde, hielt die Schamhaargrenze nicht ein.

Demonstration. Die Polizisten als Radikalefänger.

Manch Mann hat ein Auto, zwei Kinder und eine Frau zu ernähren.

Seelische Altlasten können die Gegenwart verdüstern.

Sauna. Der Nabel im Fettbauchgebirge sah aus wie ein tiefer Krater.

Möglicher Romantitel: Ein Chamäleon kommt in die Wechseljahre.

Er war leidender Angestellter.

Sie war langjähriges Mitglied des Reinhalteverbandes Südbayrische Hausfrauen.

Was haben Wolken und Haare gemeinsam? Mit der Zeit lichten sie sich.

Konzertbesucher und Radiohörer werden auch als Tonabnehmer bezeichnet.

Zum täglichen Auf- und Abschminken ist mir das Leben zu kurz.

- Die Fähigkeiten des Moderators waren ziemlich moderat.

- Er ist nicht älter geworden; er ist noch immer der Alte.

Nicht erst im Alter ist mancher umzingelt vom Rheumatischen Formenkreis.

Der Durchzugsverkehr weist viele Laster auf.

ERINNERUNGEN

Ein kleiner Bub aus der Nachbarschaft wollte meine Katze streicheln. Sie fürchtete sich und rannte davon. Ich erklärte dem Kind, dass sie einen Rest Angst behalten hat seit einer Behandlung durch den Tierarzt. Der Kleine: „Ich glaube, sie hat mich für den Doktor gehalten." Dann erzählte er mir von seinem Meerschweinchen Ricky, das vor ein paar Tagen gestorben war. „Es hat bei der Geburt eine Gehirnerschütterung gehabt. Deswegen haben wir es billiger gekriegt."

Vor einigen Jahren im Zug ein lieber kleiner schwarz-weißer Mischlingshund mit seiner Begleiterin. Geduldig saß er da mit seinem ihm sozusagen von Gesetzes wegen verpassten, aber sicher unnotwendigen Beißkorb. Ein entzückendes kleines Mädchen stieg zu. Es erblickte den Hund, in der Nähe von ihm stellte es sich hin. Und lächelte ihn an, so reizend, dass ich es nicht zu beschreiben vermag. Der Hund blickte das Mädchen an. Welches Lächeln auch er hervorbringen würde, wäre er dazu imstande …

Eine Freundin machte Urlaub auf Sardinien. Wieder zuhause angelangt, war eine kleine Maus mit im Gepäck, die sich erst in der Dunkelheit der heimischen Nacht zu erkennen gab. Lichtandrehen zeigte ein erschrockenes possierliches Tier mit großen Augen. Es wanderte in den der Wohnung überliegenden Dachboden. Die Katze des Hauses war und blieb uninteressiert an dem neuen Bewohner.

FERNMÜNDLICHE IN-KORPORATIONEN UND ANDERE HALB(WAHR)HEITEN

Mühevoll erarbeitet von B. K. 2000 (Soweit ich weiß, mein einziges Elaborat, das unter die Gürtellinie geht)

Noch ist nicht alles Cyber-Sex, aber die medial konditionierten Heim-Onanisten scheinen im Vormarsch zu sein.
Das Spezialtelefonfräulein. Das Fräulein, die Frau am Telefon. Aufstrebendes Gewerbe, freie Zeiteinteilung –quasi gleitende Arbeitszeit und das im trauten Zuhause. Notstandsbeseitigung, Notständerbeseitigung, Ständernotbeseitigung, Triebstauauf- und abarbeitung. Wenn jemand besonders lang braucht – kann ja vorkommen – dann wird´s extrateuer. Stöhn. Ächz. Auch später bei Erhalt der Telefonrechnung.
Heiße Nummern, heißer Draht. Liebe auf An- oder Abruf.
Die Teilzeitbeschäftigte ist doppelt und dreifach tätig. Sie vermittelt Extase oder so was Ähnliches. (An der Hotline kann man sich wie erwähnt ganz schön die Brieftasche verbrennen, sofern man auf Orgasmus steht.)
Entsorgen Sie sich: Besorgen Sie es ihr, wenn auch nur per Glasfaserkabel.
Da hat´s ein braver bäuerlicher Stier, der an der Nase herumgeführt wird, besser. Er bespringt wenigstens live eine wenn auch nur vermeintliche Kuh. (Ein hinterlistig eingerichtetes Kunsttier – ob mit Kuhfell oder Kuh-nststoff überzogen, weiß ich nicht.)

Der Fernseher der diensthabenden Heimarbeiterin fährt auf Halbmast. Die arme Frau schildert vielleicht gerade ihre Riesenbrüste und geht dann ein bisserl weiter runter, als ihr Kind im Raum nebenan (verkehrsberuhigte Zone) zu quengeln anfängt. Frau: „Ich komme." (Wie, was, wann, zu wem?) Das ist doch der Gipfel. Das Telefongegenüber kennt sich nicht recht aus. Der heiße Draht kühlt etwas ab, aber sobald das Kind wieder Ruhe gibt (kariesfördernder Nuckelzuckertee, zahnstellungsgefährdender Spezialschnuller?), geht´s weiter. Der Kunde ist noch dran, so schnell gibt/legt er nicht auf.
Liebe geht durch´s Telefon. Oder durch sonst was.

Sextonbanddienste (in- und ausländische Soft-Ware; Übersee unzensuriert) garantieren anonymes Abhören. Musikeinspielungen und minutenlange Erklärungen lassen halt die Telefonrechnungen eher als sonst was in die Höhe schnellen. Hauptverdiener, Gutteilhaber: Absprengsel der österr. Post Es lebe Tele-Komm (nomen est omen) und Co.

Nie mit einem Kunden treffen ist die Devise dieser Art von Beglückerinnen. Wird schon seinen Sinn haben.
Stammkunden kriegen vielleicht ein Stofftier zugesandt. Man muss halt schaun, wie man einen Busen- und Betttag ordentlich hinkriegt.

Einige Angebote aus der Druckmedienwelt, wobei auch „bessere" Blätter sich als gar nicht schamhaft erweisen. (Wenn da nicht für jeden was dabei ist, für den ist nichts dabei. Wer da nicht zugreift, ist selber schuld.)

Super-Erotikpaket. Lackspiele. Billig und willig. Mädchen-
beichte. Omagratissex. Jungbäuerin, rothaarig mit Stehbusen
(‚Marion, zeig mir doch dein Silikon"; dieser kleine Vers stammt
leider nicht von mir). Partner für alle Neigungen. Orgasmus-
punkte suchen. Erotikschrei. Video Die glückliche Hand.
Aufgeschlossene Privatkontakte. Verwöhnspiele. Bananen-
erotik. Duschvergnügen. Boys stöhnen live. Blitzkontakt 1,09
Min. Nachtbote. Peitsche (Art Aperschnalzen?). Sklave. Domina.
Heiße Hausfrau. Lustbiene. Strapsmaus. Quickie (Quieki?). Ex-
tremkontakte. Busenspiele. Höschenfan. Männer mit Büsten-
halter. Bizarr-Sex. Tabulose Livegespräche. Stöhn mit mir. Sex-
hungriges Luder. Mollige Oma. Verdorbene Hausfrau. Dicker
Hintern. Dauergeil, belastbar. Von zart bis hart. Mollymaus,
Soforttreffen. Bauerndirndl sucht Stier. Mami alleine. Scharfe
Lady. Transsexuelles Kätzchen. Ostgirl einsam. Pensionistin
mit großen Hängebrüsten, dauergeil. Hausfrau will Gratissex.
Eine Minute Vollgas. Lust statt Frust. Unausgelastete Damen.
Mithören und Mitmachen rund um die Uhr. Stehbusen. (Wer
weiß, vielleicht sind's doch eher Stalak-titten als Stalagmiten.)
Live Separee. Vernachlässigte Ehefrau. Doktorspiele. Höschen-
lose schlanke vollbusige Lehrerin. 55-jährige Livesex-Oma.
Sex-Omi, ordinär. 80-Jähriger, extrem verdorben. Strapswild-
katze kommt zu dir. Spaß für zwei. Unersättliche Hausfrau.
Herzliche Hausbesuche. Live-Stöhnparty. 54-jährige knackige
Sexwitwe. Ich putze nackt (Besser als gar nicht?). 69 Sexsekun-
den. Fesselspiele (Schöner als Festspiele?). Sexbereite Pussycats.
Liebestarot. Kontakt für Seitensprünge. Sex mit T. Onanowsky.
Extreme Stellungen. 2 Girls und 1 Boy. Andere heimlich belau-

schen. Natursektfans. Frischfleisch. Nimmersatt. Eheausbruch. Unbefriedigte Jungfrau. (Dann wird's Zeit.) Nackte Postbotin. (Hoffentlich nicht bei 15° minus). 53-jährige Sexwäscheträgerin großbusig. Putzfrau in Straps. Heiße Nymphe. Süße Nixe. Zaubermaus. Wilde Sekretärin. Erziehungssex. Lustvolle Stewardess. Sexgierige Kellnerin. Steinzeitsex. Telefonhexe. Sexfummeln. Hotel-Zofe. Fußerotik. Sexhungrige Aufräumefrau. Erregende Polizistin. Live-Erziehung knallhart. Kleiner Teufel. Lustgierige Arzthelferin. Popoklatsch. Vollgassex. Ordinäre Schlampe. Ausgehungerte Witwe. Bum-Bum-Party. Extremservice. Erotische Köchin. Verdorbene Gouvernante. (Last but not least eine sicherlich unterstützenswerte) Dessous-Verkäuferin.

Daneben Angebot aus dem Versandhandel: Super-Erotik-Paket (inkl. rassiger Negerpuppe, Verlängerungskondom, Seife in Penisform und neuartigem Luststöpsel). Riesenersparnis, diskreter Versand in neutraler Verpackung.

FRÜHSOMMERTAGAUSFLUG
INS OBERÖSTERREICHISCHE

Rapsfelder. Gehöfte, zurückgelassen in ihren ästhetischen Proportionen. Postkartenmarktplätze.
Kirchhof. Abgestorbene Grabstätte „Wir werden dich nie vergessen". Schmale Friedhofskatze, immer wieder hochspringend nach konstant über ihr flatterndem kleinen zwitschernden übermütig/todesmutigen Vogel. Die Katze dreht sich akrobatisch während des Luftaufenthalts. Ich lache zu laut angesichts dieses Schauspiels – sie beendet ihre Vor- bzw. Nachstellung.
Fahrt in einen Ort mit Landesausstellung in klerikalem Bereich. Nachbargarten mit tieftraumblauen Lupinen. Über einem Gemüsebeet zitternd warnend die weiße solitäre Schwinge einer Taube. Künstlicher warmwässriger Kleinstweiher mit japsenden Goldfischen. Auf dem höchsten Punkt einer Dachantenne sitzt eine Amsel und sieht fern.
Blick in eine Kapelle. Schwalben fliegen ein und aus, residieren in dem grottenartig angelegten Tuffsteinhügel hinter dem Altar. Ausstellungsanmarsch durch hübschen Park mit in Schranken gewiesenen Knorpelbaumalleen. In einer kommt ein sanftkamelschaukelnder Bobtail entgegen, sieht mich nur kurz und mit wenig Interesse an.
Hohe Eintrittspreise. Engmaschige Besuchergruppen als lästige Korkenpropfen vor diversen Räumlichkeiten. Jungweibliche Dame als Durchschleuse-Textleierexpertin. An einer bestimmten Stelle: „Hier haben wir für Sie den Roten Teppich ausgelegt." Je nach Art der Gruppe freudiges Raunen oder höflich-gequälter Lachmeckerversuch.

Was die hier aus diversen Jahrhunderten präsentierte Kunst und Kultur betrifft – ich bin kaum in der Lage, auch nur einen Teil des Gebotenen ordentlich und gewissenhaft zu verarbeiten.

Reger Handel mit Erinnerungsstücken. Postkarten, u. a. Nostalgisch-Bildhaftes mit Aufschrift `Gruß aus Ischl´.

Geheiligte Gaststätte und ebensolches Gästehaus mit unheiligen Preisen.

Drogerie mit frommem Namen.

Flucht. -

FRÜHER – IN AIGEN

Unsere Straße – noch unasphaltiert. In heißen Sommern staubte es erbärmlich, wenn eines der eher raren Kraftfahrzeuge vorbeikam. Ein aufregendes Erlebnis war, wenn ab und zu der ‚Spritzwagen‘ durchfuhr, eine magistratliche Einrichtung, von uns Kindern hochgeschätzt: Wir stellten uns an den Straßenrand und ließen uns von dem vorüberkommenden Fahrzeug duschen, manch Tapfere von Kopf bis Zeh, andere hielten nur die nackten Beine hin.

Ein anderes wiederkehrendes Sommererlebnis: ‚Der Eismann kommt!‘ Er klingelte – radfahrend und gut mit Begehrtem ausgestattet – heftig mittels eines Glöckchens. Dann hieß es, monetäre Munition erbitten/erbetteln von der Mutter ... Das nicht sonderlich gut gekühlte Geschleck landete ab und zu auf dem Boden, weil man mit der Abarbeitung nicht nachkam.

Eis: In der Gemischtwarenhandlung waren die Lebensmittel, die dies erforderten, in einem voluminösen Eiskasten(!) untergebracht, mit einem Riesengriff-Verschluss an der starkwandigen Tür. Bestückt wurde er mit Eisblöcken, welche ab und zu angeliefert wurden. Kam man gerade dazu, wenn die tropfende Befüllung eingeschlichtet wurde, hatte man den (vergeblichen) Wunsch, ein Stückerl von dem Block zum Kühlen des spiel- und sonnenheißen Gesichts oder – als Speiseeisersatz – zum Lutschen abzubekommen.

Die Ladenbesitzerin trug immer eine blaue Arbeitsschürze. Auf der sogenannten Budl – dem trennenden Element zwischen dem lebensmittelheischenden Kind oder Erwachsenen und dem ‚Paradies' (einmal essen können, soviel man kann, und alles, was man mag) – stand u. v. a. ein Glas mit Stollwerck à 10 Groschen, welche manchmal als Wechselgeld dienten. Diese Karamellbonbons waren begehrt und pick(!)süß und bescheren noch den heutigen Zahnärzten sichere Kundschaft – sofern man nicht bereits auf „die Dritten" umgestiegen ist.

Wer nicht gleich zahlen konnte (oder wollte) und noch keinen schlechten einschlägigen Ruf hatte, der konnte ‚aufschreiben' lassen. Das gehörte zum Service und funktionierte für beide Parteien irgendwie zufriedenstellend, soweit mir in Erinnerung ist.

An einer anderen Straße war das Milchgeschäft untergebracht. Mit der Milchkanne mussten wir losziehen, eher ungern, wie ich mich erinnere. Im Laden roch es säuerlich. Die alte Milchfrau war ein bisserl mürrisch, und ich war jedes Mal froh, wenn ich meine Pflicht hinter mich gebracht hatte.

Die Milch – damals noch unbehandelt – musste, um es zu einer gewissen Haltbarkeit zu bringen, zuhause abgekocht werden. Ansonsten wurde sie, zumindest in der warmen Jahreszeit, schnell sauer. Und es gab oft saure Milch ... Die wenige Butter, die man sich leistete, wurde in einem Schüsserl mit Wasser – darin schwimmend – untergebracht. Mehr als einmal gab es Landbutter, der man ihre Herkunft ansah bzw. sozusagen anroch und anschmeckte: Es erinnerte an Kuhstall. (erweitert:)

Einen eigenen Geschmack hatte auch Germ. Die Kramerin brach von der grauen blockförmigen Masse das von der Mutter beauftragte Gewicht herunter –sie hatte dies gut im Griff, denn es gab in den damaligen Haushalten viel Germteiggebackenes, weil es gut sättigte. Es trat sogar als Hauptmahlzeit auf. Auf dem Heimweg stibitzte ich immer ein bissl von der Germ mit der unvergleichbaren Konsistenz, dem eigenartigen Geruch und auch Geschmack. Cremeförmig verteilte sie sich im Mund, allerdings schluckte sie sich schwer, was aber auch wieder einen eigenen Reiz darstellte.

Manche Lebensmittel wurden im Keller zwischengelagert. Kinder waren die Überbringer, nach unten und nach oben. Es wimmelte von Spinnen aller Art, und von einer glorreichen Beleuchtung der verliesartigen verwinkelten Grüfte konnte man auch nicht gerade sprechen. So ein Kellergang kam jedes Mal einem Bußgang gleich!

Im Kellergeschoß war auch der Waschtag untergebracht. Jede Mutter hatte ihre große Wäsche, meine einmal in der Woche, da verschwand sie für Stunden und rackerte sich ab, die Hände aufgeschwemmt durch Kernseife und im Kessel heiß zu machenden Wassers. Eine Rumpel gab es, über die die Wäsche kraftvoll geführt werden musste. Ja, und dann das Auswinden! Manchmal wurde ich von meiner Mutter zu Hilfe gerufen.

Kindergarten. Wenn ich mich daran erinnere, kommt sofort der Gedanke an eine Art Ausspeiserei mit grässlichem Eintopf.

Der Weg zur Volksschule für mich: Überquerung einer Hauptstraße, dann immer Richtung Gaisberg, wo Schule und auch Kirche angesiedelt sind. Das Hemmnis durch die Bahnlinie war auch noch zu nehmen; ein Bahnwärterhäuschen beherbergte den Vater einer meiner Freundinnen, der, von uns bewundert,

Herr über die Bahnschranken war. Zumindest empfanden wir es so. (Wenn er tagsüber frei hatte, schlief er zuhause in der 2-Zimmer-Wohnung und seine Frau und die fünf Kinder mussten sich danach richten ...)

Nun ging der Weg ein kleines Bächlein entlang, gesäumt von hohen Eichen. Die Dotterblumen im Frühling, die dort wuchsen, gefielen mir besonders gut.

Die Schule im Winter: ein kleiner Kanonenofen versuchte, ein bisschen Wärme in unserem Klassenzimmer zu verbreiten. Wir waren nicht verwöhnt – eigentlich kann ich mich an ein Frieren nicht erinnern. Einer unserer Schulkameraden war ein Bauernbub vom Gaisberg. Er hatte einen weiten Weg, seine Schuhe und Socken waren erst eisig und dann nass, er zog sie aus, deponierte sie in der Nähe der Wärmequelle, aber die paar Stunden konnten der Feuchtigkeit sozusagen nichts anhaben.

Unsere Schultaschen: aus schwerem bockigem Leder, das Gewicht drückte. Man war froh, sie wieder loszuwerden vom Rücken, am meisten zuhause, wenn der Unterricht wieder vorbei war. Mir ist es jedenfalls so ergangen ...

GLÜCK

Glück. Ein kleines großes Wort. Wer hat nicht schon über diesen Begriff und dessen Bedeutung nachgedacht?!

Es ist die Erkenntnis nicht neu, dass Glück für jeden eine andere Bedeutung hat und sich diese unter Umständen wandeln kann. (Glück ist eher etwas Vergangenes als Gegenwärtiges. Bitte – das ist rein subjektiv.)

Trotz widriger Umstände war ich als Kind dann und wann imstande, glücklich zu sein u n d e s a u c h z u w i s s e n : Mir ist eine Situation vor Augen. Vater und Mutter waren beide anwesend in unserer beengten, beengenden Wohnstätte. Wir hielten uns im sogenannten Wohnzimmer auf, das war der Raum, in dem wir uns aufhielten, aßen, in dem ich schlief und später, als Schulkind, meine Aufgaben machte. Die herrschende Enge ließ mir den Raum damals heimelig erscheinen.

Es dunkelte bereits, die kleine Tischlampe warf ihr bescheidenes Licht auf das Wachstuch. Es war eine der seltenen Stunden o h n e Z w i s t i g k e i t e n zwischen meinen Eltern, ruhig, friedlich. Mein Vater saß an dem einen Ende des Tischs, meine Mutter am anderen. Beide lasen. Ich lag schon in meinem Bett, in das ich nur schlüpfender und kriechender Weise gelangen konnte, da es von zwei Seiten von Zimmerwänden, auf einer von einem kommodeartigen Kästchen und der letzten eben vom Tisch begrenzt war. (Meine Mutter musste den Tisch immer wegrücken, auch die Sessel, wenn sie mir meine Liegestatt richtete.)

Ich fühlte mich a n d i e s e m A b e n d wohlig ge- und beschützt; schön war auch, dass das Licht an war – Dunkelheit hat mir ziemlich zu schaffen gemacht.

Mein Vater legte die Zeitung beiseite und nahm einen Apfel aus dem auf dem Tisch stehenden Körbchen. Aus der Tischlade, in der sich Besteck, Nussknacker und ähnliches Werkzeug befand, holte er ein Messer zum Schälen. Der Apfel wurde kunstvoll spiralförmig entkleidet – in einem Stück, das imponierte mir immer so. Ich erbat die Schale zum Essen, Apfelstück wollte ich keines. Ich kaute lange und voller Genuss daran, bis die Spirale verschwunden war.

Das war Glück. E i n Glück. -

KINDHEIT
GSPLITTERTE ERINNERUNG

Erinnerungen kennen keine Chronologie. Zumindest bei mir. Sie tauchen auf, wann sie wollen.

W e n n sie wollen.

„I bin ja net da Nurmi", hieß es oft, wenn jemand aufgefordert worden war, sich zu tummeln, etwa schneller zu gehen. (N. war ein finnischer Leichtathlet, ein ‚Laufwunder‘, geboren Ende des 19. Jhdts., gestorben 1973, wie ich eben im Internet herausfand.)

„Ich möchte gerne wissen, wie sich die Fische küssen." Das war ein beinahe ans Frivole grenzendes Sprüchl in dieser für uns kleine Heranwachsende eher unaufgeklärten Zeit.

„Liebst du Österreich?" Diese letztlich provokante Frage wurde meist von Buben an Mädchen gestellt, eine Antwort gar nicht abgewartet. „... dann die Fahne hoch!" Und sie ergriffen unsern weiten Rock am Saum und rissen ihn triumphierend in die Höhe. Aber auch Mädchen beteiligten sich als Akteure an diesem bescheidenen Spektakel.

Zwei der wahrscheinlich sehr vielen Kindheitsgebote, erstellt von Eltern, Nachbarn, Lehrern und auftrumpfenden, sich aufplusternden älteren Kindern fallen mir ein:

- Kämm' dich, dass d' was gleich schaust!
- Red', wannsd' gfragt bist!

Wenn jemand irgendjemandem ein ‚Hallo‘ zurief, konnte es sein, dass ein eigentlich unbeteiligter Dritter brummend behauptete: „Da Hallo is scho gschtoam." Ich, das kleine Mädchen, überlegte zwar nicht, woran er gestorben war, jedoch, wie er ausgesehen haben könnte, der Hallo.

Trabrennbahn. Sie befand sich in Aigen, dort, wo heute eben die Rennbahnsiedlung beheimatet ist. Durch Bekannte von Bekannten kamen meine Mutter und ich in dieser äußerst haushalts- und taschengeldarmen Zeit zu einem saisonären Geringfügigkeitsjob. Mit anderen Glücklichen durften wir die Wettkassen bedienen. Da ich ins Gymnasium ging, wurde mir bereits in der Unterstufenzeit die ‚Zwillingswette'-Kassa anvertraut. Ich war das einzige dort tätige Kind. Ich erinnere mich, sehr stolz auf diesen Posten gewesen zu sein. Den warmen Holzgeruch der Gebäude habe ich noch in der Nase und die Tribüne noch im Auge, sozusagen. Und den Schaum vor Maul und Nüstern der Pferde, welche ihr Äußerstes geben mussten. Um eventuell auf den einen oder anderen vielleicht feschen Jockey zu äugen, dafür war ich noch ‚zu weit hinten'.

Herr Waldbauer, ein kleiner rundlicher Mann, war der Chef, soviel ich mitkriegte. Alle sahen zu ihm auf, falls man so sagen kann. Er inspizierte alles, was ihm notwendig schien, und überall lag der Respekt vor dem Herrn Kommerzialrat in der Luft.

Neben ein paar Schilling gab´s zum Abschluss eines Renntags für uns jeweils zusätzlich Waldbauer-Schokolade und nagelneu riechende Illustrierte sowie kostbare Modezeitschriften, die später im Freundeskreis noch durch viele Hände gingen.

An ein ‚Kommissionshaus Seppele' irgendwo in der Innenstadt – vielleicht Linzergasse-Gegend – erinnere ich mich. Es gehörte einem freundlichen Ehepaar. Meine Mutter und ich waren dort Stammkunden. Alle meine Schuhe bezog ich aus diesem Laden, echt second-feet – meine Füße danken es mir noch heute … Ein

Paar ist mir in äußerst unangenehmer Erinnerung; es war braune Fußbekleidung, vorne rund und um x Größen länger, zum Reinwachsen. Ich genierte mich sehr mit ihnen auf der Straße, da sie fast clownartige Ausmaße hatten und alle Leute drauf schauten, wie mir vorkam. Ich nannte sie Würschtlschuhe. Ansonsten gab es ab und zu ein Rüschenkleidchen, einmal ein Pepita-Kostümchen, das sich schrecklich kratzig anfühlte, mich aber, wie mir eingeredet wurde, zu einer kleinen Dame machte.

Später private Teenagerparties: Einladungen da- und dorthin. Dafür musste jeweils ein neuer Rock her, je weiter desto besser. Oben eine enge Bluse oder Pulli, dazwischen ein breiter, möglichst eng geschnallter Gürtel. Drunter ein Pettycoat mit ganz vielen Spitzen. Wir nähten uns diese Über- und Unterröcke selbst, möglichst oft neue – wenn es sein musste, aus irgendwelchen überkommenen Vorhang- oder Bettzeugstoffen. Die Spitzen kauften wir vielmeterweise vom Taschengeld. Beim Nähen saß eines von uns Mädchen an der Nähmaschine, ein anderes zog von hinten an dem Stoff, auf dass es schneller ginge. So eilig hatten wir es an Samstagen, frisch gestylt (Haare toupiert und bis zu Festigkeit von Stroh gesprayt) und chic gewandet zu den pickligen, manchmal sogar rauchenden Jünglingen zu kommen.

In meiner Kindheit gab's ein ‚Speisehaus Lechner‘, ich schätze, ebenfalls in der engeren Innenstadt. Dorthin ging ich ab und zu mit meinem Vater. Es war sicher günstig, dort zu speisen, denn sonst wären wir wahrscheinlich nicht hingegangen. Eine Treppe war raufzugehen, das weiß ich noch.

Runter jedoch ging's in den ‚Platzlkeller‘. Schwere dunkle Tische, Biergeruch, Rauch, Düsternis, Gulaschsuppe mit Salzstangerl, Himbeerwasser. Für den Vater kein Himbeerwasser, dafür Bier und – ausnahmsweise und zur Feier des Tages – eine Virginia.

‚Aignerbad'. Ja, es hat zwischen Aigen und Glasenbach ein Schwimmbad gegeben in meiner Kindheit, ein paar Meter hinauf den Hang des Gaisbergs. Ein athletischer dunkelbraun gebrannter Mann in weißem Outfit war der Herr über dieses Paradies, das man sich mit langem Anmarsch erst erkämpfen musste.

Einquartierungen. In unserem Haus wurden für einige Zeit – wie lange, weiß ich nimmer – drei dunkelhäutige US-Soldaten zwangsbeheimatet. Sie hießen Jimmy, Charly, Joe. Diese Reihenfolge aufzuzählen machte uns Kindern Spaß. Die Soldaten waren freundlich, weiße Zähne blitzten im schwarzen Gesicht. Nylons waren für uns kleine Mädchen uninteressant, aber Spenden von Kaugummi waren bei allen Kindern sehr willkommen. Zusätzlich ist mir Flüssigschokolade in Büchsen in Erinnerung, welche mir unheimlich gut schmeckte.

Vor gelegentlichem Corned Beef grauste mir, diese kalten, gut sichtbaren Fettanteile drin waren nicht mein Fall.

Eine andere kulinarische Erinnerung: Da gab's jeweils am Hl. Abend sogenannte ‚Ausschusswürstl', von meinem Vater aus der Stadt mitgebracht, bei einem bestimmten Fleischhauer zu offensichtlich gut leistbarem Preis erstanden, denn es gab so viele für jeden von uns, dass man sich sozusagen bummvoll essen konnte. Es waren rote und weiße in diversen Längen, durch verschiedenartige Ausbuchtungen verunziert, von denen einige an Warzen erinnerten.

Kürzlich ist mir ‚Kalkeier' eingefallen. Vor solchen Endprodukten hat mir gegraust. Die Hühner‚gabe' wurde zwecks langer Haltbarkeit in große schwere Gläser gelegt, die mit Kalkflüssigkeit gefüllt waren. Der entfremdete Eiergeschmack ließ mir jeweils den ansonsten durchaus vorhandenen Appetit zum Verschwinden bringen.

„Der/die is im Suff gmacht worn" war manchmal in meiner Kindheit zu hören, wenn von Behinderten dieser oder jener Art die Rede war. Ich konnte mir darunter nichts vorstellen, aber diesen Satz hab ich noch im Ohr.

Im Anbau des Wohnhauses, in dem eine meiner Freundinnen beheimatet war, befand sich in unserer Kindheit eine Backerbsenfabrik. Einmal lud sie mich und noch ein paar Kinder ein, mit ihr bei einem Hinterfenster einzusteigen. Zuvor musste allerdings die Glasscheibe eingeworfen werden. (Zu unserem Glück war Verbundglas damals noch unbekannt ...) Wer das tat, weiß ich heut nimmer. Jedenfalls sind wir eingestiegen und fanden uns in einem riesigen Haufen Backerbsen, auf dem Boden gelagert, wieder. Wir suhlten uns geradezu in diesem Berg, dann lagen oder hockten wir da und schaufelten in uns hinein, erst was wir konnten, anschließend das, was wir eigentlich schon nicht mehr konnten. Irgendwann stiegen wir hinaus aus dem fettglänzenden Eldorado. Ich weiß noch, dass mir dann zuhause wahnsinnig schlecht wurde und ich so sehr das Mitleid meiner Mutter erregte, dass ich sozusagen keine zusätzliche Strafe bekam. Was nach Entdeckung der Fabriks-Schändung geschah – ich habe es nicht in Erinnerung.

Schon wieder ein Essen-Thema, fällt mir auf: Als ich ein bisschen größer und reifer war, passte ich gelegentlich auf ein wirklich reizendes Geschwisterpaar auf. Garten und Haus standen uns zur Verfügung. Dort zog mich die gut eingerichtete Küche an, die nicht so bescheiden ausgestattet war wie die bei uns zuhause. Ich hatte freie Hand und schuf einmal ad hoc von mir kreierte Spezialpalatschinken, indem ich dem Teig einen kräftigen Schuss Kakaopulver und auch gleich Zucker beimischte. Das Ergebnis waren dunkle fladenartige Gebilde, welche ich ‚Elefantenohren‘ nannte und deren Zubereitung ab diesem Zeitpunkt jedes Mal zum Pflichtprogramm gehörte.

Eines der vielen frag- und denkwürdigen Sprüchln aus meiner Kindheit: „Warum ist die Banane krumm? Wenn die Banane grade wär, dann wär sie keine Banane mehr."

Es war einmal eine Zeit, da waren die Semmeln niemals von heute oft üblicher Schaumgummikonsistenz, sondern auch noch nach ein paar Stunden schön resch. Solche knackigen wohlfeilen Semmeln leisteten wir uns in den großen Schulpausen, eine pro Schultag und Nase, wir – die nicht so sehr von Taschengeld und wohlhabendem Elternhaus Heimgesuchten. Auf Wunsch schnitt sie der buffetierende Schulwart auseinander und schmierte für ein geringes Agio Senf hinein, scharf oder mild, ganz nach Kinderwunsch. Ich war und bin immer eher für mild, ob Senf oder Nichtsenf. Dass ich die Schinkenbrötler beneidet habe, gebe ich zu, aber auch wir waren immer noch Beneidete: Ständig war jemand da, der an unserer Köstlichkeit teilhaben, von ihr abbeißen

wollte. Manchmal gab ich auf und mein Jausending ging in andere Kinderhand, in anderen Kindermund über. Ich muss dazu sagen, dass mir leicht vor etwas gegraust hat und manche Kinder doch etwas eklig beinander waren. Ehrlichkeitshalber muss ich erwähnen, dass auch ich als Kind kein ausgeprägtes Faible für Waschungen hatte. Hals- oder Haarwaschen z. B. war mir sehr zuwider und mit einiger Überwindung verbunden. (Meine Mutter hatte keinen leichten Stand, mich zu solchen Unnotwendigkeiten zu bitten.) Grässlich war auch die Behandlung mit der im Ofen erhitzten Brennschere; dies zum Glück nur ganz selten, zu feierlichen Anlässen. Man musste seinen Kopf hinhalten, ‚Schnittlauchlocken‘ mussten wellig werden. Es ziepte und stank nach verbranntem Haar. Für kurze Zeit war man dann fast engelsgleich, zumindest in den Augen der Mutter. Was die Wascherei angeht, war damals ja fast immer die partielle Methode angesagt – die wenigsten Leute verfügten über eine eigene Dusch- oder Bademöglichkeit in der Wohnung oder im Haus. Heißwasser – immer zur Verfügung – war ein Traum …
Ab und zu wurde das Städtische Brause- und Wannenbad aufgesucht; es war halt – trotz humaner Preisgestaltung – eine Geldfrage. Da trat man ein in vor Dampf triefende Räumlichkeiten, die Zeit der persönlichen Reinigung war genau bemessen. Föhn zum Haaretrocknen? Der kostete extra und so manches Mal bin ich mit feuchtem Haar – Haube drübergezogen – hinaus in die winterliche Kälte.

Es fällt mir auf, dass sich, zumindest bei mir, Erinnerungen immer wieder einmal um Essbares drehen. Da gab's z. B. den

‚Grenadiermarsch‘, in den wurden Restln hineinverwurschtet, sozusagen. Nudeln, Erdäpfel, Semmelknödel, Reis – was sich halt fand, das Ganze geröstet. Wurst oder Fleisch konnte nur hineingeschnipselt werden, wenn etwas davon vorhanden war.

Rechenunterricht. Für mich ein leidiges Thema. Nicht jeder Lehrer kann sein Wissen gut an das Kind bringen. Und wenn dann noch Angst im Spiel ist … Mit Zahlen, mit mathematischen Aufgaben zu tun haben müssen ... noch heute eine – eben kreiertes Wort – nervenschweißtreibende Vorstellung. Blockflötenunterricht. Aus Finanzgründen wurden mehrere Kinder zusammengefasst. Der Lehrer war ein älterer munterer Typ; ich ging nicht ungern in die Stunde, heimste immer wieder Lob ein. Ich spielte ziemlich trocken, speichelte das Instrument nicht so heftig ein wie manch andere. Ein Gefährte war dabei, der beim angestrengten Spiel so arg trenzte und tröpfelte, dass sich – aus dem Flötenrohr triefend – auf dem Fußboden jeweils eine ganz schöne Lacke bildete, was mich anfangs zum Staunen, später zum Kichern brachte.
Apropos Unterricht: Mein Vater hat mir einmal von einem schulischen Vorfall in seiner Kindheit bzw. Jugend erzählt. Er ist auf dem Land aufgewachsen. Der Lehrer hatte die Sache mit Jesus und dem taufenden Johannes geschildert und wollte sie – typisch Lehrer – wiedererzählt haben. Ein Mitschüler machte es kurz und bündig; er verbürgte sich quasi für die Bitte Jesu: „Geh weida, Hansl, scheiß net lang um; tauf mi!“
Eine der speziellen Kindheitsvergnügungen, ein eigener Freizeit-bereich, war Misthaufnstirln. Bei den Eltern nicht sonderlich

gern gesehen, stapften wir Kleinen doch immer wieder hin in die Nähe des Salzachufers, wo der damals noch nicht überbordende Abfallberg in einer Senke – oder war's ein Bombentrichter? – beheimatet war und sozusagen immer wieder aufgefrischt wurde. Zu unserer Freude kam jeder aus der Gegend dort irgendwann vorbei oder ging extra hin, um was loszuwerden. Der Geruch muss erträglich gewesen sein und auch an eine etwaige Blutvergiftung, wenn wir uns an rostigen Blechbüchsenrändern Finger aufschnitten, kann ich mich nicht erinnern. Da man ja nicht gut Sachen, die eventuell von den Eltern dorthin entsorgt worden waren, wieder heimbringen konnte, und auch Sonstiges unerwünscht war, wurden von uns Geheimdepots angelegt, Schatzkammern der besonderen Art. Und so multiplizierte sich das Vergnügen: Freude beim Suchen, beim Finden und dann immer wieder einmal beim Zurhandnehmen, zumal wenn der Gegenstand womöglich auch noch von Spielkameraden bewundert wurde. Irgendwann wurden diese Fund-Gruben geschlossen, die großen städtischerseits, weil eine offizielle Müllabfuhr installiert wurde, und die kleinen kindprivaten durch das Vergehen der Zeit und das Erwachen anderer Interessen.

Volksfest, Messe ... da gab's viel zu schauen. Um die Arbeit der geplagten Hausfrauen zu erleichtern, war der Mixer auf den Markt gekommen, ich nehme an, seine Wiege stand in Amerika. Nun wurde er hier auf einer dieser Veranstaltungen für die ganze Familie den Interessierten und Staunenden nahegebracht. Eindrücklich ist mir in Erinnerung, dass bei der Vorführung u. a.

ein ganzes Ei mit sozusagen Putz und Stingel in das rotierende Mixgerät geworfen wurde. Das ergab was äußerst Gesundes, wie allen versichert wurde, und legte zugleich Zeugnis ab von der bärenstarken Qualität des Angebotenen.

Es dauerte noch einige Zeit, dann konnte auch meine Mutter stolz sein auf eine neue Küchenhilfe in Form so eines Mixgeräts. Total en vogue war Milchshake, dem wir ab da oft frönten. Ei taten wir nie hinein, weder mit noch ohne Kalkhülle.

Schulferien sind kurz und lang. Eingeleitet werden sie mit dem Zeugnis. Unser guter alter Oberlehrer – er kam mir immer liebenswert großvaterhaft vor – meinte es gut mit uns, er bemühte sich aufrichtig um unser Fortkommen von Klasse zu Klasse. Mein Vater achtete ihn sehr, was, wie ich wusste, auf Gegenseitigkeit beruhte.

Ich tat, was ich konnte. Zumindest tat ich so. Jedoch Rechnen war nie meine Stärke und in Betragen gab es für mich – ebenfalls zum Leidwesen meines Vaters – einen Einser mit einem Strichl (= Minus). Im Raum für Anmerkungen stand mehr als einmal ‚Schwätzt gern‘, mit Rufzeichen.

Dem zum Trotz öffnete sich auch für mich das Freude verheißende Ferientor.

KLEINIGKEITEN

So ein Klavierstimmer hat eine zwar vieltönige, jedoch eintönige Arbeit.

„Nakur" kommt aus dem Arabischen und bedeutet: ein Kamel, das sich nur melken lässt, wenn man es an der Nase kitzelt. Auf Hawaii gibt es – so hörte ich – 47 Bezeichnungen für Banane; und in Albanien eine große Anzahl Wörter für Schnurrbart.

Der klügste Hund der Welt ist angeblich eine Kleinpudelhündin aus Kanada. Sie beherrscht 469 Kunststücke, z. B. ein Taschentuch holen, wenn jemand niest, Schuhbänder entknoten, Klavierspielen und Skateboard fahren.
Schuhbandln aufbinden konnte auch der narrische Hahn eines Gaisbergbauernhofs. Jedes Mal, wenn ich vorbeiwanderte, flog er mich an – nicht meinen Begleiter – und attackierte meine Bergschuhe ...

Oft gehörter elterlicher Aufruf: „Kampl di, dass d'was gleichschaust!" (Es fragte sich nur, was bzw. wem.)

Jausenwunsch in meiner Kindheit, geäußert gegenüber der jeweiligen Mutter: „Bitte ein Zuckerbutterbrot."

Deutsche Begriffe, im Englischen /Amerikanischen verwendet: Blitzkrieg. Kindergarten. Rucksack. Schadenfreude. Etc.

MIGE-MAGE (Mischmasch, copyright B. K.)

Denn sie wissen nicht was sie tun (sollen) ...

Die schöne Emmi

Sie ist eine sanfte Dame, eine geborene Maine Coone in pracht-
vollem rotem Pelz.

Bei Schönwetter darf sie sich im Garten aufhalten, allerdings
nur an einer Leine, denn sonst ist sie – so fürchtet ihre Familie
– weg, einfach so oder auch gestohlen.

Sie sitzt im grünen Gras und schaut dem Vogelgetier nach oder
hinauf zu rauschenden Blättern. Manchmal bepfötelt sie ein
bisschen den einen oder anderen schaukelnden Grashalm.

Besuch kommt. Es ist Emmis Halbschwester, welche noch viel
schöner als diese ist, begleitet von ihrem Herrchen. Beide sind
auf der Durchreise. Die verwandten Damen wissen nichts von
ihrer leisen Zusammengehörigkeit, sie beäugen und beschnup-
pern einander, aber das ist auch schon alles.

Fotos ordnen

Es gibt Leute, die sind total à jour. Aber sie sind sicher in der
Minderheit. So behaupte ich. Was mich betrifft, so bin ich nicht
Jahre, sondern Jahrzehnte zurück. Ich bin ohne Hoffnung und
eigentlich inzwischen auch ohne Absicht, je wieder einmal in
chronologisch angelegten Alben blättern zu können. Abgesehen
davon, wer mag heute noch auf urzeitliche Art Fotos anschauen
– ein doch ziemlich anachronistisches Freizeitvergnügen. Falls es
wirklich eines ist bzw. war – denn: wie viele Zwangsverdonne-

rungen zum Anschauen bekannter und unbekannter Personen, bekannter und unbekannter Landschaften hat es in Familien, bei Besuchen oder zwanglos sein sollenden Zusammentreffen gegeben, kaum jemand, der nicht mit Grausen daran denkt. Auch hier gibt's Ausnahmen – es existieren Leute, die gerne Fotos ansehen, und seien diese auch noch so verwackelt, jeweilige menschliche Augen darauf auch noch so kaninchenrot.

Die alten Fotoecken haben ihre Klebekraft vollkommen eingebüßt, sind hart wie Pappendeckel und spröde bis zum Zerbröseln. Das Spinnenpapier zwischen den dicken Albumblättern ist vergilbt wie der Pelz alter, ehemals weißer Kater. Oder auch Katzenfrauen.

Süße Kinderfotos in alten Pralineschachteln ...

Schöne Aussicht

Vor Jahren blickte ich von dem Fenster meiner damaligen Stapelwohnung auf Fenster. Und Wandfertigteile sowie Loggias. Einen guten Teil eines solchen introvertierten Balkons mir gegenüber nahm der Schädel eines toten Büffels ein. Er gehörte angeblich einer Prinzessin Auersperg.

Ihr Mann war auch bereits verstorben.

Vergangenhe**itsüberwältigung**

Vor etlichen Jahren. Im Spitalröntgenwarteraum. Neben mir eine Frau in giftgrünem Schlaf-Morgen-Tagrock, süßlichem Quasiparfum, mit Armgips und dickem Fingerverband. Kurzes Gespräch zwischen einer Nichtschlafrockfrau und ihr, offensichtlich miteinander bekannt: „Was ham S'denn?" – „An Fingawuam." – „I hab mein Mann da, mein Eastn hab i vurigs Jahr valurn."

Immer noch Krankenhausaufenthalt. Hab mein mickriges Radiokistl bei mir. „... et incarnatus est ..." singen die Solisten seit geraumer Zeit in einer Schubert-Messe. Immer und immer wieder. Geht mir ziemlich auf die Nerven.
„Eine Vitamine", sagt die Diskantjugoslawin aufmunternd, als sie mir eine Schale kalter Milch zur Jause bringt.

MIXTUR

(u. a. Tändeleien, gemeine Gemeinplätze, Gemeinheiterkeiten, Blödelweisheiten, linkshändige Aphorismen)

Aussterbendes Wort: Dampfplauderer. Ebenfalls kaum mehr verwendet: a Zniachtl (klein, unscheinbar)

Die immer wieder irgendwo konstatierte Vogelgrippe. Kein Nachrichtenblock ohne einschlägige Meldung. Nie wird jedoch berichtet, warum und wie die Tiere eigentlich sterben.

Alles hat seine Zeit, nur ich hab keine.

Große Regenlacke auf der Straße mit viel weißem Zeugs drin. Unwillkürlich denke ich an eine Umweltverschmutzung. Beim Näherkommen erkenne ich eine Flut von Apfelblütenblättern aus einem Garten nebenan.

Der eine ist verantwortlich, der andere unverantwortlich.

Irrsein ist menschlich.

Wer zur Wahl steht, hat die Qual.

Sie hat einen Hieb, er hat einen Stich. Zusammen ergeben sie ein hieb- und stichfestes Paar.

Zeitbombe – Unzeitbombe. Rechtzeitig für die einen, immer zur Unzeit für die anderen.

Meerjungfrau oder Nichtmehrjungfrau?

Manches ist gewöhnungsbedürftig. Man ist bedürftig, sich an ... zu gewöhnen.

Elsa im Trabant

Im Gemeinderat beschloss man, den Beschluss doch nicht zu beschließen.

Lokalradiomeldung: „Die große Lösung für die Fußgängerzone wäre zu weitgehend."

Zugfahrten. Oftmals gebrauche ich die Zeit zum Vor- und Nachdenken.

Auf der Wiese sonnenbeleuchtete Trollblumen; sie sehen aus wie kleine Jugendstilnachttischlampen.

Schmerzpflaster (Antischmerzpflaster). Es wirkt durch die Haut, dient „zur Behandlung schwerer, langanhaltender Schmerzen". Der Wirkstoff gelangt allmählich in die Blutbahn. Klinische Studie „unerwünschter Ereignisse": sehr häufig bis häufig: Schläfrigkeit, Verwirrtheit, Depressionen, Angstzustände, Halluzinationen, Kopfschmerzen, Schwindel, Übelkeit, Erbrechen,

Obstipation, Mundtrockenheit, Juckreiz, vermehrtes Schwitzen.
Gelegentlich: Schlaflosigkeit, Amnesie, Euphorie,
Tremor, Hypertonie, Hypotonie, Tachykardie, Bradykardie,
Atemnot, Hypoventilation, Diarrhö, Harnverhalten.
Das war ein Nebenwirkungs-Auszug aus dem Beipackzettel.
Ebenfalls beobachtet u. v. a.: paranoide Reaktionen, Sprach-
störungen, Gangstörungen, Koordinations- und Sehstörungen,
Lungenstauung, Bluthusten, Rachenentzündung, Ödeme,
Kältegefühl. Sehr selten: z. B. Darmverschluss.

ORCHESTERKONZERTGENERALPROBE

Ich soll vor dem Konzert vor dem Konzerthaus eine Karte ausgehändigt bekommen, von einem Musiker, der in dem Orchester beheimatet ist und den ich nicht persönlich kenne. Ich halte Ausschau nach einem Mann in Schwarz mit Weiß, aber der Betreffende – so stellt sich letztlich heraus – ist in normal Bunt, da eben nur Generalprobe.

Die dort vorn oben. Und vor ihnen der Dirigent. Manchmal hüpft er ein bisschen in die Höhe. Niemand von seinen Leuten schaut auf ihn, das Publikum schon. Muss an eine Anekdote denken, die ich irgendwann gelesen hab, wo einmal ein italienischer Dirigent wutentbrannt während einer Probe ein von ihm persönlich ausgerissenes Sesselbein in die Menge (=) Orchester schmiss. Und noch eine andere fällt mir ein, wo sich zwei Musiker verschiedener Orchester über die Dirigierweise bzw. den jeweiligen Einsatzbefehl ihrer Führer unterhalten bzw. sich über Unklarheiten beklagen: „… Wann fangts ihr an?", fragt der eine. – „Wenn a zum dritten Mal mitm Staberl wachelt. Und ihr?" – „Na ja, wenn's uns zbled wird."

Einen der Fagottisten treibt´s bei manchem Ton körperlich nach oben.

Wie ich sehe, sind die Ausübenden ziemlich jung, ältere und Grauköpfe gibt's nur ein paar. Weibliche Musiker sind in der Mehrzahl. Da und dort jemand aus Japan oder so.

Der Tschinellist hat nicht viel zu tun. Er muss jedoch anwesend sein und an den vom Komponisten vorgesehenen Stellen pünktlichst seinen Beitrag leisten; zwischendurch hat er lange

Rekreationspausen ... Ob er auf seinem Gehaltszettel aufgrund der viel wenigeren Töne als Kollegen einen geringeren Betrag vorfindet?

Die Bässe (Bassgeiger), drei an der Zahl, stehsitzen je auf einem Möbelstück, das einem Barhocker nahekommt.

Dass die Bögen der Streicher, seien es Celli oder Geigen oder sonst was, konsequent alle synchron in dieselbe Richtung geführt werden, ist für mich immer wieder erstaunlich, auch wenn mir eine orchestervorbelastete Freundin irgendwann einmal erklärt hat, dass das dazu Erforderliche händisch in die Notenblätter eingezeichnet wird ... Ein Cellist legt sein Ohr fast an die Saiten. Auch ein anderer lauscht selbstverliebt auf die Töne, die er bzw. sein Instrument hervorbringt. Ab und zu schneidet er Grimassen. Einmal hab ich einen Cellisten beobachten können, der hat während des Spiels gut hörbar mehr oder weniger im Takt mitgeschnaubt.

Die Hamsterbacken der Bläser. So ein zirkulares Atmen ist eine eigene Kunst. Ob man da später einmal ein bissl weniger Gesichtsfalten hat? Oder vielleicht sogar besonders zsammfällt? Der Konzertmeister macht heftige und ausladende Oberkörperbewegungen, die anderen – viele an der Zahl – sind eher zurückhaltend. Ein Bratschistenpaar – auch sie teilen sich, wie offensichtlich üblich, zu zweit ein Notenpult – amüsiert sich während des gemeinsamen Spiels über etwas, wovon nur die beiden wissen: Sie lacht kurz, er tut es dann auch. Ob die was miteinander haben? Zwei der drei Bässe lächeln einander an. Ein anderer Streicher – postiert eher im Windschatten des Dirigenten – blickt während seines Spiels immer wieder an die

Decke, eine Streicherin schaut irgendwie vergnügt hinauf zu den Leuten auf dem Balkon; der Dirigent krümmt sich im Lauf des Gefechts manchmal wie ein U-Hakerl.

Ob in einer der Fernsehquizsendungen schon einmal jemand aufgetreten ist, der ganz genau nach Gehör angeben konnte, wie viele z. B. Streicher gerade am Werk sind bzw. waren?

Es ist heiß herinnen im lusterbehangenen Saal. Im Publikum wird gefächelt mit allem, was greifbar ist. Frauen in der lockeren Sommerbekleidung sind es, die fächeln. Die Männer in den Anzügen und Sakkos fächeln nicht.

Viele Tiefgläubige sitzen da um mich herum, glaubend an den Komponisten, an das Orchester. Sie sind ernsthaft bei der Sache, ernsthafter als eben mancher Musiker.

Der Dirigent klopft oft ab. (Ist das wirklich die Generalprobe?) Die einen aus seiner Herde lassen umgehend ihr Instrument schweigen, die anderen brauchen länger.

Eine Frau vor mir schlägt unvermutet aus, eine Fliege hat sie belästigt und belästigt nun mich. Ich zeige Beherrschung und schlage nicht aus.

Pause für die drei Bassgeiger. Der eine fasst sich mit der Hand an das Kinn, der zweite an den Mund, der dritte an die Nase.

Eine junge Oboistin spielt so konzentriert und angestrengt, dass ihr Gesicht alt und verhutzelt wirkt. Eine Querflötistin gewährt großzügigen Einblick in ihr Dekolleté, das über einem tiefstausgeschnittenen türkisen ballkleidartigen Gewand angesiedelt ist. Ich werd auf einmal ganz müd, drifte weg.

Irgendwann muss ich an den Ausspruch einer Freundin – jahrzehntelang Orchestermusikerin – denken, als wir einmal zusammen im Fernsehen ein Orchester hörten und beobachteten. Sie machte mich aufmerksam: „Schau dir doch diese armen Schweine an. Findest du nicht auch, dass das arme, willenlose Schweine sind?!"

Applaus. Applaus. Aus.

PERSÖNLICHES ALTERN

Altern. Wie geht das?

Geht ganz von selber.

Aber – wie gehe ich um mit dieser Beleidigung?

Ja, manchmal empfinde ich allein schon die optischen Merkmale des Alterns als eine solche. Die sich abzeichnenden Falten im Gesicht, an den Händen ... Das Bewusstsein: Es kann nur noch schlimmer werden.

Ja, ich weiß, oft ist man sich selbst gegenüber kritischer und unbarmherziger als der übrige Teil der Menschheit, aber hilft das was?

Schmerzen, Unzulänglichkeiten treten hervor, geben sich zu erkennen.

PETITESSEN

Hauptsächlich verwendetes Gruß- und Rufwort HALLO. Auf a betont: Gruß bzw. kurze Zurkenntnisnahme einer nicht unbedingt befreundeten Person sozusagen im Vorübergehen. Auch gewöhnlicher Telefongruß, welcher ärgerlich klingen kann, besonders nach längerer Anlaufzeit. Hallo mit Betonung bzw. Vervielfachung des o: Bei physischem Zusammentreffen kann das z. B.bedeuten „ah da schau her". Wo „hallo-o" z. B. geflüstert oder geschmachtet wird, wobei das zweite o – getrennt vom ersten – eine Terz tiefer angesetzt ist, handelt es sich vielleicht um Homoeroten. Zumindest kann man das in Spielfilmen so sehen bzw. hören. Ein tuntiges „Hallöchen" kennt man ebenfalls aus der Unterhaltungsbranche.

„Halloo" – das zweite o führt in einem weichen Bogen zur drüberliegenden Quart bis Quint und tendiert ein bisschen zum u – kann Freundlichkeit ausdrücken, Neugier, freudige Erwartung beim Telefonieren ... Dann und wann hört man als Variante ein eingeschobenes h (halloho). –

Man befindet sich in Not. Da ruft man auch hallo, laut und ohne sprechtechnische Sperenzchen, jedoch erfüllt mit Hoffnung. In seelischer oder finanzieller Not hilft ein Hallo-Ruf erfahrungsgemäß wenig bis gar nicht.

Wir sind doch alle Menschen oder tun zumindest so.

O Mann, O mein Gott, Das ist verdammt (...) = die verbalen Hauptbestandteile deutsch übersetzter amerikanischer Spielfilme.

„... und erlöse uns von den bösen Armen ..." (Verhörer eines Kindes)

1 Tabakpflanze kann bis zu 200 000 Samen produzieren.

NONSTOPKINO

Irgendwann wurde es zugesperrt, wie halt so viele Kinos. Als Kind ging ich mit meiner Mutter, später allein oder mit Freundinnen. Es war in der noch fernseherlosen bzw. -armen Zeit immer ein aufregendes Erlebnis, auch wenn für uns Kinder z. B. politische Berichte nicht hätten gezeigt werden müssen. Das Programm dauerte ca. eine Stunde und lief ohne Pause, sodass man jederzeit hineinkonnte in den „Musentempel" für kleine Leute. Wochenschau, ein Naturfilm, biedere jugendfreie Reklame seriöser Salzburger Unternehmen meist innerstädtischer Provenienz, heute zum Großteil so verschwunden wie die Kinos. Der Kinoraum war immer im Dunkel. Ein Aufseher schlich ständig herum und kontrollierte mit Taschenlampe, damit ja niemand überzog und sich vielleicht einen Walt-Disney zweimal anschaute. Da das jedoch unser Begehr war, versuchten wir in der Finsternis trickreich herumzurutschen, um dem Kontrolleur bzw. Nochmalzahlenmüssen erfolgreich zu entgehen. Ich habe S 5.- in Erinnerung, ein Bekannter glaubt, dass der Eintritt 10 Schilling ausmachte. Wie auch immer. Je nach Ersparnissen leisteten wir uns zur Vervollkommnung der glücklichen Stunde ein paar Stollwerck à 10 Groschen oder eine Rolle Panuli zu 50 Groschen. Da waren runde dünne grellfarbige Zuckerl drin, die vor dem Zuendelutschen mit ihrer Messerschärfe ein bisschen Zunge und Zahnfleisch aufschnitten, was man aber in Kauf nahm, denn das Einwickelpapier war innen bunt bedruckt mit exotischen Tieren. Kokosstangerl liebte ich auch, aber die gingen sich nur selten aus, da sie etwas größere Ersparnisse voraussetzten.

Da ich gerade so schwelge in damaligen kindlichen Ernährungs-
dingen: Bei unserem bundesrealgymnasialen Schulwart, der
auch so eine Art Buffet führte, gab's für uns weniger gutgestellte
Semmeln, die – auseinandergeschnitten – mit Senf beschmiert
wurden. Die Semmel pur kostete 45 Groschen, das Agio für den
Senf betrug 5. Mit 50 Groschen in der Tasche brauchte man
also nicht zu (ver)hungern und hatte dazu noch etwas einigermaßen Apartes. Dass wir die Schinkenbrötler beneideten, soll
doch erwähnt werden ...

Nun bin ich also unvermutet und unbeabsichtigt in der SCHULE
gelandet. Mir fällt gerade ein, was mir ein Freund erzählt hat:
Einer seiner oft verschnupften Lehrer hatte z. B. die Gewohn-
heit, sein gebrauchtes Stofftaschentuch zwecks baldigen Wieder-
verwendenkönnens auf die Heizung zu legen. Nicht diesem,
sondern einem anderen Lehrer sollte einmal ein Streich gespielt
werden. Er war nicht sehr beliebt und immer sehr eilig unterwegs. Die Schüler hängten die Klassentür aus und lehnten sie
erwartungsvoll an. Kurze Zeit später stürzte der Lehrer herein.
Er blieb unverletzt. Da sich kein einzelner Urheber ermitteln
ließ, gab's eine Pauschalstrafe.

Meine STRICKZEIT scheint endgültig vergangen zu sein. Bis
zum Exzess erzeugte ich Socken, Hauben und Schals. Es gab
kaum einen Salzburger Sandler – heute sagt man eher „Obdach-
loser" –, der nicht zumindest eine meiner Kreationen trug. Sie
waren gefertigt aus neuer oder auch alter Wolle, letztere aus
Eigenbestand oder von irgendwoher geschenkt. Mancher Knäuel
hatte einen Kern aus zusammengeknülltem Zeitungspapier, was

die Sache für mich als neugierigen Menschen – eigentlich müsste es hier „altgierig" heißen – dann immer spannend machte. Auf was man sich doch freuen kann bzw. konnte ...

Einer der Nachteile für mich als Strickerin: Viele Wollen staubten ganz schön bei der Verarbeitung, sodass ich einmal ernstlich krank wurde. Der Lungenarzt sagte: „Schmeißn S´ das ganze Zeug doch weg." Soweit ich mich erinnern kann, brachte ich es nicht übers Herz. Nach x Übersiedlungen scheint sich jedoch das Problem von allein gelöst zu haben. Jedenfalls bin ich nun beinahe strickwollelos.

Tierdokumentation im Fernsehen. Ein Hund hatte einen Unfall erlitten und dabei ein Hinterbein eingebüßt. Er hatte sich ziemlich schnell auf einen Dreibeingang umstellen können. Eine Spitzenleistung erbrachte er jedes Mal, wenn es ums Haxlhebenmüssen ging. Dann vollführte er sozusagen einen Handstand.

Erich Kästner wünschte sich angeblich folgende Grabinschrift: Hier ruhen meine Gebeine. Mir wär' es lieber, es wären deine.

In der Kinderzeit – früher einmal – hatte man Angst, dass nach dem ungewollten Schlucken etwa eines Apfelkerns im Bauch ein Bäumchen wachsen würde.

MOZARTJAHR

Ein (Grazer?) Künstler hat angeblich an seinem Haus eine Tafel
befestigt mit Aufschrift: Hier hat Mozart nicht übernachtet.

EDEKA ADE

Sie machen zu, um nicht wieder aufzusperren.
Kurz vor Torschluss noch vorhanden:
Beinah kahle Regale, nicht mehr kühle Tiefkühltruhen, aus-
geweidet.

Ein Gläschen ,Cornichons' steht irgendwo herum, unbeheimatet.
(Früh, sehr früh mussten und müssen solche Gewächse ihr jun-
ges Leben lassen.)
Einige Biosojawürstchen gibt´s noch. Sie befinden sich –
vielleicht einander Trost spendend – jeweils als Paar in einer
Verpackung.
Etliche Linsendosen warten ebenso auf gnädige Mitnahme
wie eine größere Anzahl Kaffeezusatz-Packln.
Und eine irgendwie mitgenommen wirkende Weihnachts-
mannmütze ist noch da,
auch sie wär zu haben um den halben Preis.
Hornhauthobel und Teefilter sind nach wie vor in erklecklicher
Menge zu sehen,
ebenso Kniestrümpfe für Damen.

Die Kassafrau lässt den Kopf hängen.
Ab morgen nix mehr zu tun.
Der Regalbetreuer ist seit Tagen abkömmlich.

... MESSER, SCHERE ... NICHT

Zumindest nicht gscheit.

Jemand bringt zu einem Treffen bei Freunden eine Torte mit. Das ist erfreulich. Das Messer, das aus der Küche geholt wird, weniger. Es scheint eine Art Gemüsemesser und so ziemlich das einzige ein-schneidende vorhandene Arbeitsgerät zu sein, von den bekannt megastumpfen Speisemessern abgesehen.

Ich helfe mit, die Torte quasi zu zerreißen. Mir kann's ja wurscht sein, da ich sie nicht gemacht hab.

„Schere" – auch so ein Kapitel. Wer kennt einen Haushalt mit ordentlichem Schneidwerkzeug? Da wird man lange suchen müssen.

Beim Telefon ist kein Notizblock und/oder kein Schreibwerkzeug. „Moment, ich muss mir was zum Schreiben holen." Da könnt ich schon narrisch wer´n, wenn ich sowas hör. Leute, die zehn Anrufe am Tag kriegen, rechnen nicht mit der Möglichkeit, einmal was notieren zu sollen.

Man ist irgendwo privat eingeladen. Der Straßenschuhe soll man sich bitte entledigen. Man tut´s. Dann folgt Patschenauswahl. Man versucht abzuschätzen, wo die wenigsten Pilzkulturen angesiedelt sein könnten. Dann schlüpft man brav in ausgesuchtes Patschenmaterial hinein. (Noch nie hat jemand gewagt, sich aufzulehnen.) Ich bewundere immer die Leute, die sich überhaupt nichts dabei denken, in Schlapfen unbekannter Großmütter oder anderer Hausschuhvererber einzusteigen. Viel geheuerer sind mir die 1-Euro-fünfzig-Gästepatschen aber auch nicht, da sie ebenfalls durch die Bank aus den alten Schilling-Zeiten stammen und schon einiges hinter sich haben.

Bei Leuten, welche ihre Wohnung mit freigängerischen Vierbeinern teilen, besteht meist keine Patschenpflicht; das wäre doch zu scheinheilig. Dafür gibt's Hundehaare gratis zur Jause und weitere, transferiert von den Sitzmöbeln auf die – zu Ehren der Gastgeber – ausgesucht gute Kleidung.

Aber zurück zur Fußbekleidungswechselpflicht: Eigene Patschen immer im Gepäck. Das wär das Gscheitste.

Beim Verabschieden neue hausgemachte Problematik: Ein Schuhlöffel ist nicht zu finden oder ist alt und aus Metall und total verbogen.

Ich habe schon diverseste Haushalte mit ordentlichem Schuhlöffel versorgt – trotzdem bleibt immer

eine Restangst, dass die Leut ihn nicht finden, wenn ich ihn brauch. Ich habe gelernt, einen eigenen Schuhlöffel auch dorthin mitzunehmen, wo ich bereits einen als Präsent hinterlegt hab.

ALLES HÄNGT

Die Kleider auf dem Bügel, die Pelargonien aus dem Blumen-
kistl, ewig sich wiederholende Ärgernisse einem zum Hals heraus. Es hängt noch vieles andere, z. B. Damenbusen, allerdings
erst ab einem bestimmten bzw. unbestimmten Alter.
Frauen und Männer gleichermaßen (be)trifft ein Phänomen,
egal ob sie eine ausgeprägte Figur haben oder eher dünnwüch-
sig sind: Unterhalb der Wangen bilden sich in schleichendem
Prozess kleine, nach unten ziehende Täschchen, lustige, von der
Natur vorgesehene Hamsterbäckchen. Dies in fortgeschrittener
Lebenszeit, gerade dann, wenn man außer guten Werken ohnehin nichts mehr sammeln sollte.

BIDDÄH

Dieses Wort bzw. Unwort ist schnoddrig kurz und doch wieder zu lang, weil – zumindest mir – unangenehm. Am liebsten
würde
man daraufhin gleich danke sagen und kehrtmachen.
Nicht nur in Geschäften, sondern auch bei diversen Vorzim-
merdamen, in Ämtern usw. ist man oft eine persona non grata.
Da kann man noch so demütig tun bzw. sein, man bleibt ein
unerwünschter Störfaktor.

WO IST DIE FREUDE GEBLIEBEN?

Wohlness oder Wellfühlen? Das eine gilt so viel wie das andere. Die Oberhauptsache: Es muss Spaß machen, Spaß am besten mit drei a. Was nicht Spaaaß macht, is nix. Rien ne va plus ohne Spaß.

Der berühmte Dirigent versichert glaubhaft, es mache ihm großen Spaß, die Neunte zu dirigieren, der Spezialsammler hat riesigen Spaß an neuerworbenen Antiquitäten, selbst ein Politiker behauptete kürzlich allen Ernstes, er habe Spaß an seiner Tätigkeit. BP Fischer wurde gar nach deren Spaßfaktor befragt. Er klinkte bei 9 von 10 möglichen Punkten ein.

Spa-haha-ß an allen Ecken und Enden ... „Viel Spaß mit", „viel Spaß bei" wird gewünscht. Die Freude ist verschwunden, irgendwo irgendwann auf der Strecke geblieben. Auch bei mir ist es lange her, dass jemand zu mir gesagt hat „viel Freude mit", „viel Freude an" ...

Freude ist inhaltlich verwandt mit „Sinn", froh meint ursprünglich „vorwärts, bewegt". Spaß leitet sich aus dem Italienischen her und meint „Unterhaltung, Belustigung, Zerstreuung, Zeitvertreib". Dabei ist das Grundnahrungsmittel Glück, das wir uns doch alle einverleiben wollen, ohne Freude nicht denkbar.

TELEFONIEREN

Ich möchte telefonieren. D. h., ich möchte eh nicht. Aber ich muss. Amtsgespräch. Ein flotter elektronischer Vivaldiverschnitt tutet mir entgegen. Nach der zehnten Weichspülerendlosmelodieschleife vergeht mir der
Optimismus, der von dem zu Hörenden wahrscheinlich ausstrahlen soll. Allerdings, zwischendurch schöpft man immer wieder Hoffnung, weil die Töne leiser werden und man denken kann, jetzt hebt wer ab. Es ist aber jedes Mal nur eine Bandl-Stimme mit „Please hold the line". Ich überlege, was tun?
Die line nicht mehr halten und den Hörer aufknallen? Ich brauche jedoch eine bestimmte Auskunft. Wenn ich jetzt aufgebe, dann geht das Theater vielleicht wieder von vorn los, man weiß es ja nicht. Also – „Restez en ligne, s. v. p.", auch wenn zu Amtszeiten der Gebührenzähler besonders schnell tickt.

DER EUROPÄISCH-UNIERTE WASSERKOPF

Ich stelle mir vor, wie es sein könnte ohne. Je ein wohlhabender Staat adoptiert einen weniger wohlhabenden, um ohne Umweg nach Kräften für materiellen Ausgleich zu sorgen. Kulturaustausch mit Wahrung des Eigenen („Das Gute behaltet") u. v. m.
… Das Ganze könnte „in einem Radl" vor sich gehen, sodass nach bestimmter Zeit jeder einmal mit jedem …

WINTER-IDEEN

Schuhe für die eisige Jahreszeit sollte es geben mit Spikes, die man mit einem Handgriff hervortreten lassen bzw. versenken können sollte. Man ist auf dem Mond und sonst wo gewesen, aber rutschfeste Schuh gibt´s nicht ...

Um weniger Straßeneis entstehen zu lassen, könnten die Autoabgase gegen den Straßengrund geleitet werden. Dies hätte verschiedene Vorteile, die man sich leicht ausdenken kann,

L.-LONA-SCHAUFENSTER
(nun nicht mehr existent)

Pokal mit eingebautem Applaus (S 137.-). Tarantel S 8.-.
Fliegen für Speisen, Sechserpackung. Riesenschere S 45.-.
Einzelfinger zum Anheften an Geländer, Tischkante etc. S 53.-.
Riesenzahnbürste 86.-.
Feuerzeug, aus dem Wasser spritzt S 49.-. Färbende Seife S 29.-.
Pfeffer-Kaugummi-Packung S 20.-.
Halber Schuh mit Zehenansicht, zum Überziehen S 89.-. Tube Zauberblut S 20.-.

HAARE

Fachlicherseits heißt es immer wieder, 50 bis 100 Haare täglich zu verlieren sei normal. Wenn es hieße ,bis zu 100' und auch gesagt würde, es handle sich um Kopfhaare, könnte man beruhigt sein (falls man nicht 200 verliert). So aber ist es offensichtlich abnorm und von Übel, nicht wenigstens 50 Stück der Bürste, dem Kamm, dem Waschbecken, dem Badezimmerboden, der Strickweste oder dem Mantelrücken zu spenden ...

BONSAI

Jahre, Jahrzehnte stellte ich mir vor, auch einen zu besitzen. Ich beneidete meinen Arzt, der zur Praxisübersiedlung einen geschenkt bekommen hatte. (Ich war – wohnungbetreffend – 15 mal übersiedelt, aber noch niiie ...) Endlich: ein Bauhaus-Sonderangebot im Briefkastl. ‚Bauhaus' – so was Blödes – gibt's ein Haus, das nicht gebaut werden muss? Nicht einmal ein Fertighaus ist so fertig, dass nicht noch etwas Bauerei notwendig wäre.

Erst nachdenken, dann schreiben. Diese amerikanischen lastwagentransportierten ortswechselnden Fertighäuser sind wirklich fertig. Egal. Ich mag Baumärkte nicht, sie sind für mich ein Horror. Die miniaufgebotenen Mitarbeiter sind, falls überhaupt sichtbar, ununterbrochen anderweitig beschäftigt. Wenn man doch eines habhaft wird, so ist er sekundenschnell wieder verschwunden, einen mehr oder weniger ratlos zurücklassend. Oder er schickt einen falsch. Natürlich kann's auch vorkommen, dass man selber falsch geht. Wie gesagt, Baumärkte sind mir ein Horror. Von jeder Artikelart gibt's 100 Varianten. (Ich für meine Person brauch z. B. auch nicht 100 Käsesorten, um käseglücklich zu sein. Dass es 100 verschiedene Staubsaugerbeutel gibt, dafür kann der Baumarkt allerdings nichts.) Oder das gewünschte Ding ist nicht lagernd. Ich wollte vom lang ersehnten Bonsai berichten. Es waren welche anwesend und auch auffindbar, wenn auch nur mehr sozusagen das letzte Aufgebot. Nachdem ich zu Fuß und dann per Bus fast einen Vierteltag durch die Stadt gereist war, einen Bonsai und sonst nix im Kopf, musste ich zugreifen. Es war eines der armen Restbäumln, noch das schönste unter seinen schäbigen wenigen Kollegen. Wie zu behandeln? Kein Zettel, nix wissen bei Kassa. Zahlen, selbst einpapierln, heim (1/4 Tag, fast). Wohin damit daheim? Alles voll, ich hab 74 grünbestückte Dauervaserln und -flaschen und Pflanzentöpfe. (5 Kochtöpfe hab ich auch).

Im Bad fand sich noch ein Platzerl, mit Festungsblick. Und musiziert wird in meiner Wohnung auch viel, was sich für Lebewesen wie Räumlichkeiten günstig auswirken soll. Trotz diesem kränkelte mein Bäumerl am zweiten Tag und am fünften war es tot. Was tun? Nach angemessener Trauerphase beschloss ich, es nicht zu begraben, sondern als interessantes und seltenes Beiwerk meiner Bio-Naturmaterialweihnachtskrippe einzuverleiben.

SPEZIALHOSE

Ich besitze eine schwarze Kunstfaserwollgemischhose. Ich liebe ihre Gummizugbequemlichkeit. Ansonsten ...

Sie ist meine Staubsaugerhose. Im Gegensatz zu meinem wirklichen Staubsauger, der in Wirklichkeit ja ein Saugstauber ist und – wie viele seiner Artgenossen – quasi mehr Staub rauslässt, vermag besagte Hose ganz schön was an sich zu binden, bei jedem Schritt über häusliche Böden und Teppiche. Staub, Fusseln und Haare sind dann hochgehievt, drapiert um die Hosenbeine, und je nach Lust und Laune kann ich mich an deren Entfernung machen.

Mehr als einmal dachte ich daran, die Hose über bzw. unter eine Wischstange zu geben und damit die gesamte Wohnfläche zu durchkreisen, um hierauf mein nun ausgedient habendes Bekleidungsstück in die ewigen Jagdgründe zu schicken.

Bis heute konnte ich mich nicht wirklich dazu entschließen.

DIE MACHT DER ZERSTÖRER

Sie sitzen an gesicherten Schaltpunkten an ihren Schalthebeln, rühren in Emotionen und schüren Hass. Das sind die schlimmsten der Machthaber.

Anhänger und deren Mitläufer sind Erfüller vernichtender Wünsche, Ausführende infernalischer Pläne. Denn sie wissen vielleicht nicht, was sie (sonst) tun (sollen).

NON(?)SENSE

Hellgrüner Frühling. Nicht nur die Buchen schlugen zu Buche.
Nach erfolgtem erfolgreichen Kuraufenthalt mit einem Schatten, welcher nichts mit seiner Lunge zu tun hatte, kehrte Herr
W., Beruf Capo, in seine Firma zurück und machte bei erster
Gelegenheit mit Adlergesichtsstrengblick den Kriecher B. zur
Schnecke – was diesen sehr wurmte – und den widerborstigen
M. zur Sau.
Auch im Thermalheilbadeort, wo sich u. a. ein Gnadenhof für
ausgespielte Fußballer befindet, war er um Vergnügungen bemüht gewesen, hatte z. B. das Tanzbein geschwungen zu „My
Baby Baby Billa Billa" oder einem Dixieländler. (Wenn er auch
etwas zu einer gewissen Foxtrottelhaftigkeit neigt.)
Man ist ja schließlich noch kein Polargreis und hat genügend
Schmalz in den Hüftpfannen.
W. ist ein Musterbeispiel von Selbstumkreisung. Davon abgesehen trägt er seinen Scheitel knapp über dem linken Ohr, die
abzählbaren Haare wie einen Torbogen über den Schädel gezogen. Er isst gesund (hoch die Knoblauchfahne), soweit dies sein
Gebiss m. b. H. zulässt.
Und ab und zu frönt er der rohen Jagd. (Jäger mit Knall kommt
vor dem Fall.) So vergeht die Zeit.

Am 22. 11. 05 fand in der Bundesrepublik die Angelalobung
von Frau Merkel statt.

Auch wenn du einen Kirschkern verschluckt hast – es wächst
nirgends in dir ein Bäumchen.

SPIELEREIEN

Anregungen, Wünsche und Beschwerden mögen im Traum vorgebracht werden.

G. m. b. H.: Gebiss mit beschränkter Haftung

Du hl. Neppomuk!

Das Altershandtuch werfen …

fromme Mannaschnitten

Check The Ripper

Heb-Amme für Whisk(e)y u. a.

Party. Faltenreiche Frau als Knüller des Abends.

Er würde sich gerne die Haare raufen, hat jedoch keine mehr.

Eine meine früheren Wohnungen: eine Art Schließfach

Wolken und Verdacht verdichteten sich …

Leben und Nähmaschinen: manchmal falsch eingefädelt

Kochbuchregister: Köchelverzeichnis

Banale Unterhaltung: Gemeinplätzchen backen

Schneien plus Nieseln = Schnieseln

… äußerlte sich

Fluchtuation

Alpinsportler: „Das Klettern gibt mir Berge."

Wetterquaaksalber

Leiseducker: Duckmäuser plus Leisetreter

Schmachtgulasch: Schmalzmusik aus verkochten Musikmix-Versatzteilen

Mammongraphie: Bankauszug

hoffnungsfroher Arbeitsuchender: voller Jobtimismus

SPRACHBEMERKENSWERTES

Im Dialekt: ‚verlassen' wird mit ‚unreinem' a ausgesprochen,
‚verpassen' mit ‚reinem' a

Möglichkeitsform: sähe - sagat = mit reinem a
sagte - sagat = mit ‚unreinem' a

Weg(sperrung) kurzes e: weg, fort
Weg(sperrung) (mit langem e): Weg, Straße

Überspannung: Betonung auf Über-
Überspannung: Betonung auf -spannung

umgehen   Betonung auf um-
umgehen   Betonung auf -gehen

wir rasten (kurzes a), wir rasten (langes a)

Ansprache   Anrede

unterhalten   Betonung auf unter-
unterhalten   Betonung auf -halten

auslegen: Text; Boden; Geld ...

anstandslos: ohne Anstand / ohne Problem

durchsetzen Betonung auf durch-
durchsetzen Betonung auf-setzen

brauchen
gebrauchen Vergangenheit für beides: gebraucht

GEDANKEN ZU FREUDE UND DANKBARKEIT

(‚Dankbar lebt sich's leichter'?)

Freude und Dankbarkeit gehören für mich zusammen. Ich freue mich, wenn ich dankbar sein kann. Ich bin dankbar, dass ich mich freuen kann.

„Dankbarkeit ist die Schwester der Freude. Wer sich täglich etwas sucht, wofür er danken kann, hat täglich etwas, worüber er sich zufrieden freuen kann" hörte ich neulich irgendwo. (Eine andere Schwester der Freude ist das Lachen – es ist wie ‚ein Licht, das sich im Fenster eines Gesichts zeigt und das Leben hell macht'. (aus einem Büchlein von Gertrud Uekötter)

Freude und ‚froh' sind etymologisch verwandt, Dankbarkeit hat mit ‚denken' zu tun und im Wort ‚Gedanken' ist der Begriff ‚Dank' enthalten.

Freude und Dankbarkeit sind eine Art Zauberworte, sind Gefühle, Gemütsbewegungen.

Geteilte Freude ist doppelte Freude, heißt es.
„Freude steckt an, sie will sich mitteilen und verschenken. Sie springt über von Mensch zu Mensch. Sie überspringt Länder und Grenzen und führt Menschen zueinander." (G. U.)
Man kennt allerdings auch die stille Freude, die man für sich/ bei sich selbst genießen kann ...

Freude, schöner Götterfunke, Tochter aus Elysium ...
Ich frage mich des Öfteren – wo ist die Freude geblieben? Wohlness oder Wellfühlen –

Die Welt will betrogen sein, heißt es. Will sie das wirklich? Kann es jemanden wirklich freuen, einen Gutteil seines Lebens damit zuzubringen, sich auszudenken, wie man Konsumenten (= Mitmenschen) übers Haxl haut?

Freude = Agens und Movens

Warum nicht wie die Pfadfinder – jeden Tag eine gute Tat? Wobei das natürlich nicht unbedingt so ausgelegt werden sollte, wie ich es schon gehört habe: ‚Wenn jeder an sich denkt, ist auch an alle gedacht.' Trotz der Logik, die dem Ausspruch innewohnt.

Lassen sich Freude und Dankbarkeit kultivieren (= pflegen, urbar machen)? Ich denke, schon.
Wir sind Mitgestalter beim Grundton unserer Lebensmelodie, wir können ankämpfen wider graue Alltäglichkeit.

Man kann jederzeit damit anfangen, z. B. am Morgen. Der Morgen ist das Tor in den Tag, von welchem jeder Einzelne immer wieder das Wunder der Tagwerdung miterleben lässt.

Ob morgens um 7 die Welt noch in Ordnung ist? Die Welt ist es wahrscheinlich nicht, aber ich kann meine Innenwelt und das mich Umgebende pflegen, urbar machen.

Ich bin erwacht, der Schlaf liegt mehr oder weniger ordentlich gefaltet auf der Bettstatt. Ich befinde mich noch ein bisschen in Traumsphären, das Wachwerden geht in verschiedenen Tempi vor sich, man kann hellwach sein oder eben dunkelwach – je nachdem.

Lächeln wird propagiert – sich selber zulächeln, wenn man bei einem morgendlichen Spiegel vorbeikommt. Das ist nicht jedermanns Sache, könnte jedoch vielleicht ebenfalls kultiviert werden.

Ich bin imstande, aus dem Haus zu gehen, wann und wohin ich will. Ohne fremde Hilfe. Ohne um Erlaubnis zu fragen. Auf eigenen Beinen zu stehen – in verschiedener Hinsicht ...
Es ist schön, frisches, kühles Wasser zu trinken und sich mit warmem Wasser waschen zu können ...
Gründe zur Dankbarkeit gibt es ungezählte. Mit dem Nachdenken darüber kann man so gut wie überall einsteigen: die Luft zum Atmen. Sie hilft uns nicht nur dabei, uns am Leben zu erhalten, sie kann unser Inneres streicheln ...
Heute eine, zwei oder gar drei Mahlzeiten gehabt?
Die Natur. Sie steht uns zur Verfügung. Auch mit nur bescheidenen Mitteln ausgestattet
ist es möglich, in kürzester Zeit die schönsten Gegenden zu erreichen ...

Materielle und immaterielle Güter stehen uns zur Verfügung. Wir leben in Frieden, nicht in Krieg.

... nun stellt sich die Frage: Wohin mit all der Dankbarkeit? Wie zeigt man sie? Wohin damit? Wie gebe ich sozusagen meinen Teil zurück und wie vollführt man das?

Eine meiner Devisen: Niemanden zum Weinen bringen. Es sei denn aus Freude.

Übers Heimkommen

Alleinsein, Einsamsein. Für manche wäre es schon tröstlich, beim abendlichen Heimkommen Licht in der Wohnung vorzufinden, das jemand angedreht hat, der dann auch vorhanden ist. (Damit ist natürlich nicht etwa ein Einbrecher gemeint.) Dass jemand d a ist. Ein Bekannter hat mich nach Übergabe seines Wohnungsschlüssels einmal gebeten, mich manchmal ohne Vorankündigung einzufinden.

Spaaß statt Freude

‚Die Künstlerin hatte großen Spaß an ihrer Werkreihe.' (ORF-Meldung)
„Es macht mir Spaß, Wiener Bürgermeister zu sein."
„Auch Gregorianik kann mir Spaß machen." (Leiter der Wr. Sängerknaben)

Irgendwo gehört. Liebe: Etwas geben, das man nicht hat, jemandem, der es nicht mag.

Strawinsky angeblich: „Vivaldi muss ein langweiliger Mensch gewesen sein; er hat 100 x dasselbe Konzert geschrieben."

August 08

Olympische Spiele China. 11.128 Teilnehmer; ca. 25.000 Medienvertreter

Österreich: Täglich werden 2 ha Grünland verplant, 15 ha Fläche neu versiegelt

Wenn die Speichen eines Schirms an der dazugehörenden Bespannung so gut befestigt (angenäht) wären wie diese oft supernackenkratzenden Labels (Schildchen) in Pullis, Kleidern etc. – das wär schön …

Glühwürmchen sind ein Indikator für eine ökologisch gut strukturierte Landschaft …

In Österreich sind (noch) 47 Hummelarten unterwegs, sie fliegen bis zu 18 Stunden pro Tag.

17. August: im Lungau am Morgen + 3°.

Im Salzburgischen werden zur Zeit ca. 1600 Flechtenarten gezählt. Eine drastische Verringerung der Artenvielfalt ist im Gang.

„Auf drei Dingen beruht die Welt: Wahrheit, Gerechtigkeit, Liebe." (Talmud)

Große Trockenheit in Ostafrika. Weiteste Wege zu Wasserstellen. Radiobericht: Immer wieder kommt es vor, dass Nutztiere, z. B. Ziegen, hingeführt werden und, dort angelangt, vor Erschöpfung und Durst zugrunde gehen.

Tischtennisball: Abschlagsgeschwindigkeit bis zu 187 km/h.

Ubiquitär ist eine drastische Verringerung der Artenvielfalt im Gang.

Nicht an sich selbst vorbeigehen ...
Angst vor dem Fremden in einem selbst.

ORF-Meldung: Steigende Ölpreise ziehen nach sich, dass gegenwärtig hundert Millionen Menschen weltweit pro Jahr verhungern. Auf Haiti ernähren sich darbende Menschen angeblich von gesalzener Erde ...

Die Welt umfasst zurzeit in 192 Staaten mehr als 6000 Ethnien.

Laut den Gnostikern ist die Ehe die effizienteste Schule zur Selbsterkenntnis.

„Wer fragt, der irrt. Wer antwortet, der irrt auch." (Buddha)

Das Futter für einen Zoo-Koala macht pro Jahr ca. 75.000 Euro aus.

„Durch unser Wissen unterscheiden wir uns nur wenig, in unserer grenzenlosen Unwissenheit aber sind wir alle gleich." (Karl Raimund Popper)

Wie wär's denn mal mit Dankbarkeit? Gedanken, Notizen

Zauberwort Dankbarkeit.
Wie sich die D. auswirkt, auswirken kann/ soll, das ist eine andere Geschichte.

Als nächste Aufgabe – was mache ich damit, wie zeige ich meine D., wie erzeige ich sie?

D. ist die Schwester der Freude. Wer sich täglich etwas sucht, wofür er danken kann, hat täglich etwas, worüber er sich zufrieden freuen kann ... (abändern)
Ich stelle mir die Aufgabe, D. zu kultivieren = pflegen, urbar machen
Der Morgen – Tor in den Tag
Wunder der Tagwerdung
Morgens Lachen, Lächeln schwierig? Spiegel
Morgen um sieben ist ...
Kleine Genüsse
Zufriedenheit
Grundton der Lebensmelodie
Der Schlaf liegt mehr oder weniger ordentlich gefaltet ...
Frisches Wasser

Elektr. Strom
Ich kann geben
Wider graue Alltäglichkeit
Freundliches Lachen
Auf eigenen Beinen ...
Atem
In der Früh derzeit: Ich knipse das Licht an, denn
es ist noch ziemlich finster
Dbk., dass ich Freude empfinde, nicht nur Spaaß
Leise sickert Chopin durchs Gemäuer
Winter. Ich esse einen Apfel, der die Kraft des Sommers in sich
gespeichert hat
Über dem Nebel scheint die Sonne

WITZWORT – WORTWITZSCHÖPFUNGEN BK

Profilaxe
Drogist: z. B. Haschischraucher
Neurotermitis
Missbrauchtum
discotieren
obskurril
Vielhaarmonika
Kirche im Barockokostil
Erschlaffung der Welt
Immomilliobilien
world wild web
Oberschenkelhalsweh
Zwangstrachtenjackerl
Dickling: Wampir
Dame ohne Unterleiberl
Nullleiter: z. B. unfähiger Direktor
A.Hitler, Braungau
seelische Innereien
im Namen der Neurose
Salatellitenschüssel
Callgirlcenter
Diogenese
Trendwände
Erfolgsabstimmung
Wunschkrapferl

Erschlagzeilen
Vichy Vachy
Tatenschutzkommission
Migemage (Mischmasch)
Oberschenkelhals- u. Beinbruch!
Denunziatur
gehaltvolles Gehalt
Speiseölmagnat
Kammerlsänger/in
Thomas Bernhard Minetti
ein verzichtbares Blöd-oje halten
Perversitäter
schulisches Lernmarterial
Beziehungskistln
von der Grünzone in die Grauzone
Saopaulus
Gewissenschaftliches
Forschung und Leere
Pharmaonen
Pharmaschinken
Familienleidbild
Antipopoden
Ellbogentechniker
Ohratorium
Wehmutstropfen
Migemage (Mischmasch)
gentechnisch verendete Produkte
Geh browsen!

auf- und abgeklärt
Perversflöte üben
Magerine
Konzertbesucher = Tonabnehmer
Ich seniore, du seniorst, … wir senioren
Schmalz in den Hüftpfannen
Mannaschnitten
religiöse Hürdenträger
Soja oder nein?
Busen- und Bett-Tag
Hakenkreuzweh

ZAHNPASTA

In deutschen Landen auch Zahnpaste genannt.

Ich wechsle die Marke von Tube zu Tube, das erscheint mir am sichersten.

Ich berichtete meinem Zahnarzt davon, worauf er sagte, er mache es ebenso.

Das ist ja schon mal was.

Die Pasten sind ähnlich und doch verschieden komponiert. Bei manchen steht einem der Schaum vor dem Mund, manche schmecken grässlich süß, andere so scharf, dass einem auch nach der Spülung quasi die Luft wegbleibt.

Die Tuben sind fast durchwegs aus Kunststoff. Bei Erreichen des Inhaltsendes drückt man sie nochmals gefühlvoll und dennoch fest aus. Dann ist man sicher, auch das Letzte herausgeholt zu haben. Das ist aber ein Irrtum: Wenn man die Tube aufschneidet, was ganz leicht geht, wird man sehen, was da noch alles drin ist. Genug für mindestens 1x für eine ganze Familie. Wenn man eine hat. -

GEWINN

Viele träumen von einem.

Wenn man sagt, der/die hat gewonnen, geht´s meistens um was Materielles.

Es gibt Studien über Gewinner und deren Leben nach dem großen Millioneneinschlag. Angeblich sind die wenigsten glücklicher als vorher, zumindest nachdem der erste Rausch verflogen ist. Manche sind sogar unglücklich bis hin zum Selbstmord.

Randbemerkung: Alles ist relativ, aber Armsein heißt in der Regel zu wenig haben.

Ideal wäre g e n u g. Mehr als genug ist schon wieder nicht mehr ideal. Na ja, vielleicht wär ein bissl ein Polster nicht schlecht. Aber auch Milliardäre können mit 50 an Krebs sterben ...

Zurück zum großen (Lotto/Toto-)Gewinn. Die einen halten ihn streng geheim und verändern nix, andere sind schon in einem Jahr vielleicht ärmer, als sie vorher waren. Freundschaften können auseinandergehen, Familien zerbrechen. Auch Neuanfänge sind möglich. In einer Radiodokumentation war zu hören: Der Glücksbote kam zu einer älteren Gewinnerin in die Wohnung. Sie war gerade bei der Hausarbeit, ihr Ehemann saß im Lehnstuhl. Nach dem Hören der Botschaft band sie ihre Schürze ab und sagte in dessen Richtung: „So, das war´s. Du wirst von meinem Anwalt hören."

GRÜNER TEE

Angeblich trinken ihn Japaner täglich, stündlich. Ich bin nicht
soo scharf drauf und trinke ihn nur alle paar Tage – einen von
den vielen auf dem Markt befindlichen –, weil er die bösen
Freien Radikale anpackt, wie man da und dort liest.
Mein Gaumen ist nicht so geschult, dass er den gelobten
feinen Geschmack hirnwärts melden würde, egal ob er vier-,
drei-, zwei- oder einmal aufgebrüht wurde.
Ich für mich veredle den Grüntee, indem ich ihn mit Rosen-
blütenblättern aus einer Apotheke vermenge. Das fiel mir vor
Jahren ein und ich mach´s heute noch.

BITTE. DANKE. GRÜSSGOTT

Drei Worte einer Kulturgesellschaft. Wer beherrscht sie noch?
Wer wendet sie noch an? Fast
scheint es, sie wären am Aussterben. Viele scheuen sich, sie in
den Mund zu nehmen, allen
voraus Kinder und Jugendliche. Aber auch manchem Erwachsenen scheinen sie immer fremder zu werden.

ZUR FREUDE ALLER.
Vielleicht aber auch nicht.

Nach Kauf einer neuen Pfanne lese ich – wie immer widerwillig – das lupe-benötigende sogenannte Kleingedruckte. Es kommt keine Freude auf. Auch wenn da u. a. steht: ‚Hochwertige Antihaftbeschichtung, damit lange BRATFREUDE gewährleistet ist.'(Vorausgesetzt, man hält sich an die vielen einen beinah erschlagenden Hinweise.)

Es heißt, Freude gehe einher mit Glück. O glücklich machende SCHADENFREUDE.

KAUFFREUDE. Sie wird vielen zumindest allsamstäglich zuteil, wenn die stadträndlichen Centers sehnsuchtsvoll ihre sogkräftigen Arme den freudesehnsuchtsvollen Sammlern und Jägern entgegenstrecken.

KOSTENFREIE FREUDE. In der Autobiographie eines älteren Mannes kann man lesen: „Ich überlege mir, welche Menschen, welche Dinge ich am wenigsten verlieren möchte. Dann freue ich mich, dass ich sie noch habe."

„Viel Freude an ungezieferfreier Kommunikation." So wird's den personellen Computerleuten gewünscht. Und ein Smiley angehängt, das ist ein Emoticon, das ist eine Verehelichung von Emotion und Icon, was letzteres Bild bedeutet = FREUDE einfach AUF KNOPFDRUCK.

Freude ist das Stammwort zu froh …, sie kann sich bei einem Menschen nach außen hin zeigen von einem kaum wahrnehmbaren Lächeln bis zu einem Freudenschrei. Juhu!

Ein Stück Googlehupf gefällig?

Wir sind doch alle Menschen oder tun zumindest so.

Der Surfer war mittels eines Schneebretts hinuntergesaust.

Schnittlauch im Bauerngarten – kräftig wie zu entfernende Krampfadern.

Alles hat seine Zeit, nur ich hab' keine.

Durch seine Worte fühlte sie sich gestreichelt und fasergeschmeichelt.

ABBAUEN, SCHENKEN

Mit warmen Händen (und warmem Herzen) schenken. Manche Menschen können das – sich zu bewussten Lebzeiten von Gutem und Schönem trennen. Sie suchen sich die zu Beschenkenden sorgfältig aus, um nach Möglichkeit wirklich Freude zu machen, dem anderen und vielleicht auch sich selbst. Wem ist schon gedient, wenn nach dem Ableben Müllcontainer vor dem Haus deponiert werden, die auch mit Gutem und Schönem gespeist werden ...

Abbauen wäre eine gute Sache im Alter, wobei natürlich nicht ‚geistig' gemeint ist.

Und doch: Auch Alte sind nicht gefeit vor Kaufräuschen, Aufgeben von Bestellungen, unaufhörlichem Anhäufen von Dingen, welche letztlich nur belasten ...

Bei einem vergnüglichen Nachmittag in einem Altenheim. In meiner Nähe hat eine gebisslose schwerhörige Seniorin einen unerwarteten schrillen Juchizer losgelassen. Hab gedacht, meine Plomben fallen mir aus den Zähnen.

Mein Küchentisch = mein Esstisch = mein Minigarten: Ungefähr ein Drittel der Fläche gehört diversen Fläschchen, Väschen und Töpfen mit Körnern, Kernen, Zweigen und fertigen Pflanzen verschiedenster Provenienz. Da man doch mindestens einmal pro Tag an so einem Tisch sitzt, hat man das Wachsende oder (Ver)Blühende auf Tuchfühlung vor sich. Nie und nirgends sonst lassen sich so gute und genaue botanische

Beobachtungen machen! Kleinste Veränderungen können auf diese Art zur Kenntnis genommen werden; oft ist Erstaunliches zu sehen! Kann ich jedem empfehlen!

Beim Moorsee. Blaugrüne Libellen tanzen in flimmernder Hitzeluft. Am Abend des Sommertags lehnt sich der Sonnenschein an die stillstehenden Buchen.

Mit warmen Händen schenken. Manche Leute können das – sich zu bewussten Lebzeiten von schönen und guten Dingen trennen. Es sollte dabei eigentlich nur Gewinner geben.

FRISSUMASUNST. So nannte oder nennt man in der bayerischen Heimat eines Bekannten „unnütze", unproduktive Haustiere und auch Menschen.

„Ich lege mich nie zu Bette, ohne zu bedenken, dass ich vielleicht (so jung ich bin) den anderen Tag nicht mehr sein werde ..." (Mozart an seinen Vater; 1787)

Art-napping als eine neue einträgliche Einkommensquelle für kriminelle „Elemente". Kunst als Geisel.
Für (nicht zu spät) Bereuende hat man in Wien nach Vorbild der ‚Babyklappe' eine Kunstklappe eingerichtet. Sie fand im Vorjahr nur 1x Verwendung, wie zu hören war.

STERBEVERSICHERUNG. Manche Leute brauchen eine, sonst glauben sie´s nicht. Ich hab auch so was Ähnliches, nennt

sich Bestattungsvorsorge (damit ich, gestorben, nicht ober-
irdisch überbleib). Ich vereinbarte das Einfachste vom Ein-
fachen. Schon in jüngeren Jahren begann ich mit den monat-
lichen Raten. Die zahlt man bis zum Tod, egal wann. Je früher
ich sterbert, desto mehr dersparert ich mir.

RASENDE RASENMÄHER

Frühlingsbeginn. Ich meine weder den kalendarischen noch den meteorologischen. Die Rede ist vom Zeitpunkt, zu dem das erste Gänseblümchen das Licht dieser die Nichtallergiker erfreuenden Jahreszeit erblickt. Das ist das Startsignal für Gartenbesitzer, ihre in Dunkelheit eingemotteten Rasenmäher aus der Winterstarre ins aufstrebende Tageslicht zu transferieren, sie die frische Luft spüren zu lassen, sie quasi äußerln zu führen.

Mähh – macht ein gemütlich und genussvoll Rasen mähendes Schaf, allerdings hierorts kaum verbreitet. Der maschinelle Mäher macht nicht mähh, sondern Krach und manchmal auch Gestank, wenn er, geführt von Blumenköpfchen verachtenden Männern und Frauen, zum killenden Ungeheuer wird. Fast freu ich mich, wenn sich ihm in Nachbars Garten ein Stein oder ein Hölzchen in den Weg legt und das Untier in seiner ihm angezüchteten Rage ein bisschen eingebremst wird.

Das Schaf gibt – wenn auch eher unfreiwillig – Wolle, Pelz, Fleisch und anderes. Was gibt der Rasenmäher? Keine Ruhe. Wie erwähnt – die ersten bescheidenen Blümchen blinzeln in die noch vage Frühlingssonne und schon tritt er in Aktion, diese unerlaubte unerwünschte Erscheinung zu eliminieren. Dann summt und brummt und kracht es in den Gärten, dass es eine wahre Unlust ist und als gälte es, einen Wettbewerb zu gewinnen.

Frustriert verzichtet unsereiner auf die linde Luft und schließt indigniert die Gottseidankschallschutzfenster.

AUFZEICHNUNGE UND NIEDERSCHRIFTEN II B.K. 2006

Aus dem Leben von Betonburgenrittern und -fräuleins:
In einer der Nebenwohnungen pferdegeschwänzte Teufelssektierer. Kann vorkommen.
Du bist Tag und Nacht unterrichtet, wer wann wo aufs Klo geht.
Du bist Beinahzeuge inner- und außerehelicher Beischlafsszenen.
Immer wieder einmal hat jemand ‚einen geladen‘. Tut sich schwer mit dem Finden des Gebäudes, noch schwerer mit dem Finden des Türschlosses ...

Glückskatze

Eine Katze kann von Glück reden, wenn sie – verstoßen, abtrünnig, verwaist oder sonst was – ein neues Zuhause findet. Oder eben ein Zuhause, für den Fall, dass sie vorher gar keines gehabt hat.
Ungeachtet dessen sagt man, dass eine Katze eine Glückskatze ist, wenn sie drei Farben aufweist. Dass dies ihr selber Glück bringt, wird wahrscheinlich nicht immer der Fall sein.
Man sagt, Glückskatzen seien immer weiblichen Geschlechts. In einem schlauen Katzenbuch stand jedoch zu lesen, auch Kater können die drei Farben aufweisen, sind dann aber nicht fortpflanzungsfähig.
Wie auch immer, hier soll die Rede von Minki sein, einer alten

Tricolor-Katze weiblichen Geschlechts. Vor vielen Jahren war sie in das schöne Haus gekommen, sozusagen um drei Ecken herum. Die Hausfrau war nicht begeistert, doch bald war Minki in jeder Hinsicht integriert. Sie hält sich an eigens für sie aufgestellte Regeln und ist eine ruhige Mitbewohnerin. Stundenlang sitzt sie auf ihrer Lieblingsfensterbank, welche überdacht ist. Da kann sie sich auch bei starkem Regen aufhalten und in den Garten blinzeln. Dieser wird umrahmt von meterhohen strengen Thujen, dunkelgrün. In einen hellen Rasen eingebettet ein kleiner Weiher, ein Nussbaum steht irgendwo und da und dort leuchtet wie zufällig eine strahlend rote Tulpe auf.

Hier ist Minkis Außenbereich – sie legt keine weiten Wege mehr zurück.

Wer sie streicheln will, muss damit rechnen, schon nach wenigen liebevollen Handbewegungen mittels Krallpfote ein paar gehackt zu bekommen. Die Hausfrau hat darauf aufmerksam gemacht, aber man geht das Risiko ein, auch wenn sich gleich herausstellt, dass Minkis Fell sich anfühlt wie das eines ruppig-struppigen Meerschweinchens.

700 Jahre Stadtrecht
(Ein Julinachmittag in Salzburg)

Alle Sinne. Es wird fast immer verlangt, dass man sie beisammen hat, dass man sie spielen lässt. Es wird erwartet. Nur niemanden enttäuschen.
Alle Sinne = sinnvoll.
Ich sinne, also bin ich.

Ich bin, also sinne ich mit meinen (sinnvollen) Sinneswerkzeugen, auch Rezeptionsorgane genannt. Gut organisiert sein ist das Gebot aller Stunden.

Sinnestäuschen und -täuschenlassen. Sinneswandeln. Sinnestaumeln. Deutet auf Unsicherheit hin; wenn alle Sinne beisammen sind, auf sinnvolle Unsicherheit. Aber wen interessiert das schon? (Oh doch.) (Danke.)

Sinnessicher fühlte ich mich an dem oben genannten Nachmittag. Ich war – unterwegs auf einem meiner Stadtberge – gerade dabei, nicht nur das von unten heraufsteigende Gewitter des Dreiuhrnachmittagsgeläuts zu verarbeiten, sondern auch das Tiischöatbrustgeschwabbl der Tschoggingfrau, der ihr Keuchdackl folgte.

Der Geruch später Hollerblüten fiel schwer herab auf den Hohen Weg, die Auf- und Zudringlichkeit von Liguster ließ mich sparsam atmen.

Unten auf dem Residenzplatz wird ein Rockkonzert vorbereitet, vielleicht bleibt kein Stein auf dem anderen, aber um zehn musses vorbei sein.

Oben auf/in der Festung gibt's 700 Jahre Stadtrecht. Morgen wird´s weggeräumt, zurückgegeben, wohinverstaut. Bin von da, hab einen Gutschein zum Betreten/Beschauen.

Völkische Exponate aus dem Kriminalmuseum.

Alte Fotos Mirabellgarten als Krautacker. Daswarennochzeiten.

Eine Tischgesellschaft ‚Wahrheitsliebe‘ „… hörst du kaum die ersten Worte, wird das Gegenteil dir klar …"

Die Abteilung 1.4 zeigt Armenfürsorge Beistrich Juden Beistrich Universität.

Ich betracht mir die alten Wochenschaun, dann schmeiß ich einen Schilling in die zeitgeschichtliche Musikbox. Tippe auf Elvis, auch genannt Elvis The Pelvis, / „Blue suede Shoes". Kann sein, dassie spinnt, sagt der Aufseher und freut sich, dassie geht. Ich hätte so gern „In The Ghetto" gehört, aber das gibt's nirgends und nimmermehr. Man muss zufriedn sein.
Älteres Ehepaar schaut schräg wegen des Lärms, österreichisch wegen dem Lärm. Na ja, Freddy wär auch drin in dem Riesenplattenspieler, denke ich, sage aber nichts.
Vitrine mit Sterbeschein, Opfer durch Luftangriff 1944, Beruf Ehefrau.
Wohabichdennur meinen Schlüsselbund. Brauch ich immoment ja nicht, aber trotzdem.
Festung. Die Riesensteine, Quader sagt man. Damit wollte man einmal das Salzachbett auskleiden/regulieren. So was Blödes. Gottseidank.

In dem einen Raum wird's gleich ein Altemusikkonzert geben. Wer nicht hören will, muss gehen. Ich muss gehen, hören tät ich wohl gern, allein mir fehlt das G. wie Geld.
Dafür gibt's dann eine Art Ersatz beim Runtergehn auf der anderen Seite. Aus einem Haus Nähe Kirche Nonntal kommt zeitgenössische Musik, aber genaugenommen kann's auch ein Elektrorührgerät sein, das grad Schlagobas macht.
Ich schau noch bei der alten Frau im alten Gassl vorbei, sie trinkt wie immer Tee ausm Joghurtbecher, warmimwinter, kaltimsommer, und guillotiniert ihr altes Weißbrot. Die Ameisen marschieren auf dem Bretterboden, wissen genau woherundwohinundwofür.

Ich erzähle der Greisin von der Ausstellung dort oben aufm Berg; sie revanchiert sich mit ihrer Kufsteinnazizeit, wo sie viele Uniformen (uni-for-men; Anm.: sinnvolle oder sinnarme Anmerkung von mir) geschneidert hat. Dannmussichnachhausgehn. -

Trakl verortet, Trakl verwortet

Im Inneren Steintor habe ich einmal eine der land- bzw. stadtläufig so bezeichneten Trakl-Gedichttafeln gesehen. Und nicht nur ich, wie ich in Erfahrung brachte.

Zwecks konkreter Anschauung radle ich in die Altstadt rechtes Salzachufer, durchwandere die düstere bucklige Steingasse ein Stück und trete dann in das Tor, um manches zu erblicken, jedoch nicht das, was mir vor Augen schwebt. Verunsichert gehe ich zurück, nicht ohne auf dem Weg ein Buchantiquariat zu konsultieren. Doch, da müsste ein Gedicht sein, rechts. Vielleicht auch links. Jedenfalls verunsichert retourniere ich, blicke rechts und links und überhaupt, aber der Platz mit Namen Platzl ist nahe. Wo sich dieses verengt, befindet sich der Anfang der sanft aufsteigenden Linzergasse, frisch gepflastert, was sowohl viel Nerven als auch viel Geld gekostet hat.

Hier habe ich schon öfter auf eine, auf die Tafel gesehen. Also dorthin. Zu der bei der Engelapotheke. Aber bei der alten und daher traklbehafteten, welche auf ,Zum weissen Engel' hörte und heute Handtaschen u.Ä. beherbergt bzw. zu entsprechenden Preisen abgibt.

Ein Engel über der steinernen Tafel ist noch oder auch wieder vorhanden, in Form eines teigig anmutenden Blasengelgesichts, gerahmt von bildgehauerten Federn.

,Im Dunkel' ist darunter zu lesen. Diese Gedicht-Anwesenheit hätte ich mir in der Tag und Nacht recht umschatteten Steingasse vorgestellt …
Es ist die Rede von feuchtem Abendgezweig, kahler Mauer, verfallenem Felsen und Einsamkeit …

Lasst Bilder sprechen. Lasst die Sprache, die Worte sprechen.
Also: Trakl, in der schönen Stadt Salzburg geboren, in der schönen Stadt Krakau gestorben. Vorher gelitten in Galizien an der Ostfront. Und davor gelitten in und um und wegen

An der Hauswand am Boden sitzend lehnt ein olivhäutiger muselmanisch aussehender Geiger und stimmt sein Instrument. Dann lässt er ein Potpourri erklingen, dem u. a. Love me tender … und Trink, trink, Brüderlein trink … zu entnehmen ist.
Aus der Mauer des Nachbarhauses ragt schräg etwas, das eine Fahnenstange sein könnte und mich an den überdimensionierten Bogen eines Streichinstruments erinnert.
Ums Eck ist das Königsgässchen etabliert. Hier wohnten in der Präkanalzeit angeblich die sogenannten Könige der Nacht, welche sich um nächtliche Hinterlassenschaftsbeseitigungen zu kümmern hatten. So haben wir´s jedenfalls in der Schule gelernt.

Ein Gwandladen reiht sich an den anderen hier in der Gegend – und nicht nur hier. Zum Shoppen. Ein Lokal nach dem
anderen. Zum Schoppen.

Platzgreifende Cafés stülpen an wärmeren Tagen ihr Inneres
nach außen.

Da muss man schaun, dass man mitm Radl so halbwegs durch-
kommt, wenn man wie ich damit unterwegs ist, um zu erkun-
den. Oder wegen sonst was.

GEMEINDERATLOS

So wollte ich meinen Kurzbericht titulieren, schon bevor ich mich das erste Mal zu einer Stadtelternsitzung in das Rathaus begab. Es ist ein Wortspiel und ich möchte es belassen.

Im Stiegenhaus frage ich eine Frau mit Akten im Arm, wie lange so eine Sitzung dauert. „Waß i net, i woa no nia dabei!" – „Asoo."

Ziemlich hoher Lärmpegel da unten, wohin man schauen kann aus dem nächst oberen Stockwerk von einer Art Besuchergalerie aus. Das können aufgrund innenarchitektonischer Feinheit jedoch nur die, die Platz finden, um direkt an der Brüstung zu stehen. Wer sich hinsetzt, der kann nur mehr akustisch teilnehmen und auf die Decke schauen. Oder – Augen zu und durch.

Die Knie stoßen an der Brüstung an wie im Landestheater am Vordersitz.

Bürgermeisterei, Stadträte und Abgeordnete treffen ein, 40 sollen´s sein von denen. Bürgermeister Sch. legt ostentativ seinen Sturzhelm auf seinen Tischanteil, der wie die anderen mit einer Römerquelle plus Glasl bestanden ist.

Auch heroben füllen sich die Bankreihen. Eine Frau ist dabei, die ich kenne. Nur weiß ich nicht, von wo. Später frage ich sie – eine Reiseleiterin. Dass ich in der von ihr geführten Gruppe war, und das erst vor wenigen Monaten – dieses nicht mehr zu wissen spricht nicht für mein Erinnerungsvermögen.

Ein früherer Clubobmann taucht auf in der Fußvolkabteilung. Er begrüßt die ersten nahe der Tür Sitzenden und sagt: „7 Jahr bin i da untn gsessn ..."

9 h. Pünktlicher Beginn. Lärmpegel kurz auf 0. Begrüßung der Anwesenden durch den Bürgermeister, auch der zumeist bereits angegrauten Galerieleute. Da scheinen ihm bekannte Köpfe dabei zu sein; ein angepeilter Wortwechsel von oben nach unten wird gestoppt.

Es wird verlautbart, dass Stadtrat P. nicht hier, sondern im Spital und seine Herzoperation gut vorüber ist. Und dass das Bauobjekt am Rehrlplatz heute nicht wie erwartet und geplant einer von den 21 Tagespunkten sein wird.

Dieses monströse Bauwerk, das von zwei Parteien durchgeboxt werden will, ist jedoch dann über eine Stunde Thema quer durch alle Fraktionen. In der Nähe von mir ein Mann – vielleicht ein Renitenter – meldet sich immer wieder. „Des kennt a Problem gebm", sagt der Bürgermeister nach oben gewandt. Inzwischen halten einige Leute tapfer und langatmig beschriftete Tafeln hoch, deren Wortlaut ich nicht sehen kann. Ein Mann neben mir fragt mich, ob ich von einer Partei bin. „Na, i bin nur so da", sage ich wahrheitsgetreu.

Unten ist inzwischen von UKH und Staatsanwaltschaft, Amtsmissbrauch und ganz neuer Form der Auseinandersetzung die Rede. „Herr F., halten Sie sich zurück", verlautet aus meiner Nachbarschaft nach unten.

Die großen Luster blenden, die Luft wird stickig und heiß. Der Bürgermeister spielt mit seinem Kuli, seine männlichen Nachbarn spielen mit ihrer Nase; die Frau Stadträtin sitzt entspannt da. Ein flankierender mir unbekannter älterer Mann mit Schnurrbart macht auf mich einen irgendwie ergebenen Eindruck, jedenfalls hält er die Hände im Schoß gefaltet und den

Kopf gesenkt. Es ist der Magistratsdirektor, wie ich von einem Nachbarn erfahre. Dieser hat eine SN mit, die er zwischendurch liest, jeweils vorher den Kopf schüttelnd und/oder einen Seufzer ausstoßend ob dessen, was da unten vor sich geht.

Jemand will über das politische Agieren des Herzoperierten was sagen, der Bürgermeister zeiht ihn der Pietätlosigkeit. „Es werden Politiker öffentlich diffamiert", sagt er anklagend. Es klingt wie ,deformiert'.

Einer der Tafelhochhalter macht einen Schritt zurück, stolpert über eine Stufe und liegt da. Man hört's überallhin und alles schweigt. Dann sagt ein Nebenstehender, der sich über die Brüstung beugt, erklärend: „A Umfaller."

Jetzt kann ich wenigstens sehn, was draufsteht auf dieser Tafel: Anschlag auf die Altstadt!

Unten geht die Sitzung weiter, mit Zwischenrufen aus diversen Richtungen. Jemand schreit: „So a Gewäsch", worauf eine Glöckchenklingelmahnung erfolgt.

Mir wird immer heißer und Hunger hab ich auch – es geht gegen Mittag. Ich denk mir noch „reden können s' alle gut, ob sympathische Stimme oder nicht. Hoff ma, dass was Gscheits rauskommt", verlasse die Stätte und schwing mich auf mein Radl. -

KOCHBUCH

KOCHBUCH

Einfache Koch, Back- und sonstige Rezepte aus meiner
bescheiden-lukullischen Werkstatt
Ein Kochbuch für Frei-, Rechts- und Linkshänder

Vorwort

„Danke für das gute Essen!" So sagt die Person – selbst nicht
sehr kochwillig –, wenn ich, wie so oft, wieder für uns beide
etwas zu essen bereitet habe. Wir teilen die Mahlzeit; die Arbeit
verrichte ich, die Zutaten zahlt der Gast.
Da heißt es dann seinerseits, wenn er wieder fortgeht: „Das
Geld liegt bei der Ente."
Ich habe eine kleine Konsole im Vorraum, auf der eine Porzellan-
ente steht. Deswegen.

Daneben gibt es eine Dreierverbindung – im Kreis herum
werden zwei Esswillige eingeladen, einer kocht. Nächstes Ma(h)l
geht's zum nächsten. Das kann in kürzeren oder längeren Ab-
ständen sein. Und jeder freut sich. Und nur einer hat jeweils
die Arbeit. Kann ich zur Nachahmung empfehlen, dieses kleine
Karussell, das je nach räumlichen und sonstigen Gegebenheiten
eventuell auch eine Erweiterung verträgt.

Kochen nach meinen Rezepten und vielleicht auch sonst ist
Gefühlssache. Und niemand is(s)t ohne Gefühl!

Was ich so zubereite bzw. koche, werde ich nun mitteilen. Es wird ohne Mengenangaben erfolgen, denn bei der Umsetzung meiner Köchelhinweise kann man nicht viel falsch machen. Das Gefühl – von mir aus mit zwei oder noch mehr ü – soll maß-gebend sein. Mir persönlich ist es zuwider, mich an genaue Angaben zu halten; ich liebe Varianten und Spielarten, Versuch und auch Irrtum.

Zu einer Entsorgung des Entstandenen soll es nur kommen, wenn etwas stark angebrannt ist. Alle anderen Fehler lassen sich mit feeling und Phantasie korrigieren.

Meine einzelnen Kreationen, nachbaumöglich sozusagen für Mann und Weib und fortgeschrittenes Kind, für Eheleute, Junggesellige und Entheiratete, sind der Einfachheit verpflichtet; sie sollen, ohne dass ich auf Fertigprodukte zurückgreife, in möglichst kurzer Zeit ihre Gestalt annehmen (fastfood hausgemacht) – ich will nicht stundenlang in der Küche stehen und werken. Sie sollen preiswert sein und die Zutaten zumindest anteilig biologischer Herkunft; wenn's geht, aus der Region und der Jahreszeit gemäß; und das Geschaffene soll gut schmecken und dem Körper dienlich sein, also nicht schaden.

Ich möchte zum Experimentieren und Probieren anregen – es kann nicht viel falsch gemacht werden!

Die simplen und lockeren Rezepte sind – mit kleinen Ausnahmen – für Vegetarier gedacht, einige auch für Veganer geeignet. Ich backe gerne BROT. Eigentlich sind es nur Brötchen, also flache Gebilde. Das braucht wesentlich weniger Backzeit.

Backen tu ich es bzw. tun sie in einem Minibackrohr für rund 20 €, das der Hersteller für Sandwichbereitung und Minigrillage vorgesehen hat.

Eigentlich würde bereits genügen, Mehl, Wasser und etwas Salz miteinander zu einem Teig zu verbinden, um Brotartiges zu kreieren, was ich mit einer gestielten Teigspachtel raschest vollbringe – ohne klebrige Finger und ebensolche Elektroschalter und Wasserhähne. Beispiele zum Meliorisieren: gutes Öl, Nüsse, Samen, Gewürze, aber auch Zwiebel oder Knoblauch oder Käse, jeweils in zerkleinerter Form. Ich habe in einer Minimühle schwarzen und braunen Kümmel vereint. Kardamom plus Fenchel in einer anderen Mühle. Nicht alles davon ist jedermanns Sache; und so kann man ja ein bisschen lavieren.

Das Mehl soll vollwertig sein; Dinkel, Roggen, Weizen, aber auch das Nichtgetreide Buchweizen macht sich gut. Und wer Hafer(flocken) liebt, kann auch davon was einbringen.

Backdauer hängt von mancherlei ab, meist genügen 10 Minuten, um an ein selbstgefertigtes flaches Bröterl zu gelangen ... (Das Teiganfertigen bewerkstelligt man in ein bis zwei Minuten, ehrlich. Beim Kuchenteig ist es nicht viel anders, na ja, vielleicht sozusagen kurz länger. Davon jedoch später.)

Treib-/Triebmittel braucht man für meine Backware nicht. Jedoch, falls man dem Teig wenig Wasser beigefügt und vielleicht ein bissl lang im Röhrchen gelassen hat, einen guten Biss bzw. geeignete zweite Zähne oder solche der dritten Art. Aber die Kiefer sollen ohnehin gefordert werden, damit sie nicht vor lauter software einschlafen.

Aufstriche, die auf oder auch ohne Brot gschmackig sind: GRÜNKERNAUFSTRICH. Geschrotetes Grünkerngetreide und – zum Sämigmachen – etwas Haferflocken, Wasser, Kräutersalz und Gewürze zu einem dicken Brei verkochen, Butter dazurühren. Oder erst auskühlen lassen und mit hochwertigem Öl vermengen. Gehackte Zwiebel und/oder gequetschten Knoblauch dazu oder …

Ähnlich geht's mit LINSENAUFSTRICH. Sehr weich gegarte Linsen – ich nehme die braungrünen – mit Haferflocken vermengen, gut würzen, Öl oder Butter oder beides dazu, gut verrühren.

FRISCHKÄSE. Den zuzubereiten funktioniert fast von allein: ein Stück weißes Baumwolltuch in einen Seiher breiten, diesen in ein passendes Gefäß einhaken, beliebige Art und Menge Naturjoghurt hineinkippen. Nach etlichen Stunden kann man oben den Frischkäse und von unten drunter die Molke ernten.

HOLLERGETRÄNK. Einige Hollerdolden, möglichst irgendwo im Abseits gepflückt, in ein Schraubglas, (Rohr-)Zucker drauf, einige Zitronensäurekristalle, abgekochtes Wasser, Deckel zu. Nach wenigen Tagen verdünnungs- und somit trinkbereit. Wasser oder, wer mag, Mineralwasser ist das Streckungsmittel des Konzentrats. Weißwein wäre auch denkbar. Oder Sekt. Oder …

Eine in weiten Esserkreisen eher vernachlässigte Speisenspezies ist die Suppe. Suppen sind in manchen Küchen mancher Menschen verpönt oder man denkt gar nicht dran, eine zuzubereiten. Ich mag Suppen und bereite z. B. in der Kürbissaison gerne eine KÜRBIS-KARTOFFEL-SUPPE zu. Diese Feldfrüchte zu ungefähr gleichen Teilen gesäubert und geschnipselt in einen Topf, Wasser dazu. (Da ich Hokkaidokürbis nehme, kann ich dessen Fruchtfleisch verwenden, ohne die Außenschicht zu entfernen. Die wird ebenso weich wie das Innere.)
Etwas pflanzliche Suppenwürze dazu, Kräutersalz, eine Spur Pfeffer, eventuell ganz wenig Muskatnuss. Majoran passt auch gut. Kochen. Wenn die Teile weich sind, was nicht lange dauert, kommt der Mixstab dran. Suppe fertig. Für den, der's üppig mag, ein bissl flüssiges Schlagobers einrühren. Ansonsten ein Stück Butter oder etwas Öl (farblich und geschmacklich macht sich Kürbiskernöl gut; zur Augenweide kann man es pittoresk etwa mit einer Gabel verteilen). Darauf ein paar evtl. gehackte Kürbiskerne. Oder Croutons. Oder auch gar nichts mehr. Kürbis kann z. B. auch mit Pastinaken oder Karotten liiert werden.

Eine BROTSUPPE kann auch was Feines sein. Ja, wirklich. Trockene Brot- und Semmelreste einweichen, Wasser, Salz, Gewürze* dazu, alles miteinander aufkochen, ganzes Ei hinein, stabmixen. Dazu bzw. darauf Schnittlauch oder Petersilie. Eine Spielart: zerkleinerte Zwiebel in Öl leicht rösten, dann die bereits vorgeweichten Brotreste dazu, aufgießen, Fortsetzung s.o.

*Zum Würzen kann für diese und manch andere Speise gut gereifte Sojasauce verwendet werden – sozusagen als fernöstliches Maggi für den Westler.

RAHMSUPPE: Wasser zustellen, Kümmel und Salz hinein, evtl. ein bisschen pflanzliche Suppenwürze. In einem Schälchen Mehl mit etwas Wasser zu flüssigem Brei verrühren, ins kochende Wasser geben und verschneebesen. Aufkochen lassen, Sauerrahm dazumixen. Fertig. Croutons schmecken gut in dieser Suppe. Für Deftigeres liebende Bodenständige: (harte) Schwarzbrotbrocken.

Wer Erdäpfel liebt, wird auch die Erdapfel = KARTOFFEL-SUPPE mögen. Geschnittene Zwiebel in Öl rösten, etwas Mehl hineinrühren und ‚anschwitzen‘, aufgießen, würzen, Lorbeerblätter und Majoran beifügen, blättrig oder würfelig geschnittene rohe Erdäpfel dazu. Bissfest weichkochen. Lorbeerblätter entnehmen. Der ‚Feinspitz‘ fügt der Suppe süßen oder sauren Rahm bei.

Zweierlei TOMATENSUPPE: Die eine bereite ich mit passierten Tomaten aus dem Päckchen. Leichte Zwiebeleinbrenn, Wasser, Salz, Gewürze, Tomatenbrei. Aufkochen. Sauerrahm oder Olivenöl hinzufügen, gut verrühren. Fertig. Für die andere verwende ich statt dem Brei (= lt. Duden österreichische Version, dt.: statt des Breis) frische, in gröbere Stücke geschnittene Paradeiser, was so viel wie Tomaten ist, verfahre wie vorher, nur stabmixe ich zum Schluss.

GETREIDESUPPE. Da gibt es die verschiedensten Möglich-keiten bzw. Getreidearten.

Eine feine Suppe ist die mit Haferflocken – für manche Leute allerdings möglicherweise negativ haferschleimbesetzt. Der Magen mag sie jedenfalls.

Man lindet Haferflocken (ich verwende selbstgepresste – es gibt dazu eine eigene handliche handbetriebene Haferpresse), d. h. sie werden in einem Topf zwar ohne Fett, jedoch voll Gefühl angeröstet. Dann wird aufgegossen – auch ich koche nur mit Wasser –, gewürzt und anschließend brav gegessen. Ein Stück-chen Butter dazu verfeinert. Petersilie oder Schnittlauch eben-falls.

Das Ganze ist auch mit geschrotetem Grünkern, Weizen, Dinkel oder einem Mix aus mehreren Getreiden möglich. Getreide sanft anrösten, aufgießen, Würze dazu. In wenigen Minuten fertig. Achtung, geht leicht über, also frühzeitig einen niedrigeren Gang einlegen, was die Hitzezufuhr anlangt. Dies gilt bei allen Kochtöpfen bzw. deren zu garendem Inhalt.

Eine andere simple Suppe besteht aus KICHERERBSENmehl, das es zu kaufen gibt. In etwas warmem Wasser bröckchenfrei anrühren – wenn man das Salz und die übrige Würze dazugibt, geht's rascher – in kochendes Wasser, vermengen. In wenigen Minuten fertig. Suppeneinlage nach Lust und Laune.

KICHERERBSENSUPPE, allerraschest zubereitet: Kicher-erbsenmehl mit Schneebesen in warmes Wasser einrühren, würzen, kurz quellen lassen, aufkochen, fertig.

Für eine BRENNSUPPE wird etwas Mehl in einen Topf getan und dieses dann auf heißer Herdplatte unter Umrühren zart röstgebräunt. Mit Wasser aufgießen, würzen. Schnittlauch oder Petersilie drauf. Eine richtige Fastensuppe für den, der mag. Oder es notwendig hat.

Meine KARTOFFELPUFFER gehen weg wie die warmen Semmeln (schlag nach bei Karl Valentin; Anm.: das Vau wird wie F ausgesprochen, das a offen-bayrisch); so schnell kann ich gar nicht nachliefern. Kartoffeln waschen, putzen, Augen entfernen, inklusive Schale mittelfein reiben, Kräutersalz dazu, wer mag, Pfeffer und/oder gemahlenes Knoblauchgranulat oder feinst-gehackte Zwiebeln. Den sich absetzenden Kartoffelsaft gieße ich nicht weg, wie das in vornehmerer Kochliteratur immer verlangt wird, sondern rühre immer wieder einmal um, während ich die flache Kartoffelspeise geduldig per Löffel forme und in Pfanne plus heißem Öl ihren Idealzustand (Bräune, Knusprigkeit nach Wunsch) erreichen lasse. Wenden nicht vergessen und – genügend Material vorsehen, denn … s. o.

1 Topf ist für den geschirr- und energiesparenden GEMÜSE-EINTOPF notwendig. Man kann ihn in vielen Varianten zubereiten und die verschiedensten Gemüsearten einbauen, je nach Jahreszeit. Kartoffel, Karotten, Sellerie, Zucchini etc., sprich-wörtlich Kraut und Rüben. Um convenience nicht ganz außer Acht zu lassen: Ich verwende auch gerne tiefgekühlte Erbsen, Karfiol usw.

Gehackte oder kleingeschnittene Zwiebel in Öl anrösten, stauben oder stäuben – egal, wie man sich ausdrückt, jedenfalls bedeutet das, ein bissl Mehl zufügen. Umrühren, aufgießen, Gemüse dazu. Würzen. Majoran macht sich gut, aber auch z. B. Pfeffer. Wie man halt mag. Bissfest kochen, das Ganze. Eigentlich fertig. Für Deftigeres Wünschende: eine Dose Fertiggulasch beimengen, dient der convenience, welche man auch einmal in Anspruch nehmen darf, wie ich finde. Oder Wurst hineinschneiden. Oder beides. Wer Selchfleich mag, nimmt dieses. Büchsenfutter ist in meiner Küche selten zu Gast, aber man kann wie gesagt einmal eine Ausnahme machen. Wer ganz streng vorgeht, lässt es halt bleiben.

Mein Öfchen dient auch zur SchnellKARTOFFELbereitung: kleine Erdäpfel waschen, von Augen befreien, halbieren, auf den Rost legen. In ca. einer Viertelstunde sind sie fertig, jedoch noch nicht ess-able, weil zu heiß. Aber dann – mmhh. Ich mag sie pur, brauch nichts dazu. Und sie schmecken mir auch kalt. Aber so wird´s nicht vielen Leuten gehen, daher dazu ein Joghurtdiptipp: J., kaltgepresstes Öl, Kräutersalz, Senf, Tomatenmark oder ... was man halt zhaus hat und was einem zu schmecken dünkt. Mit Schneebesen gut durchkehren. (Heißt ja -besen)

Rasch und schmackhaft, ebenfalls im bzw. dann aus dem genannten Öferl: CHAMPIGNONS. Schön französisch aussprechen, mit en jot! Nicht Schampion sagen! (Das ist wie übahaubsd oder übahaupz oder die Diezöse, welche auch von den Geistlichen fast ausnahmslos so in den Mund genommen wird ...)

Eventuelle Schwachstellen (der Pilze) ausschneiden, mit Kopf nach unten aufs Blecherl, ca. 10 Min. sozusagen im eigenen Saft schmoren lassen. Dazu dann ein Dip. Oder auch nicht. Diese Pilze, puritanisch gebraten zubereitet, haben erstaunlich viel Eigengeschmack.

KÜRBISschnitze lassen sich ebenfalls gut im Öfchen garen. Und weil grad der Kürbis angesprochen ist: Ein nettes Stampf-püree kann man anfertigen, indem man je ein Drittel Kürbis, Karotten und Kartoffel in wenig Wasser gart, würzt, etwas Öl dazugibt und eben stampft. Nicht mit den Füßen wie Sauer-kraut, sondern mit einem kleinen handlichen Oma-Stampfer. (Ohne einer Oma hiermit nahetreten zu wollen.) Wenn nicht zuhause, dann findet sich so einer vielleicht auf einem Flohmarkt.

EIERSPEIS. Die kann man einmal mit Kürbiskernöl anfertigen ... das gibt einen eigenen touch. Auch farbliches Neuland.

Ein schmackhaftes GRATIN anzufertigen, also eine Speise über-backen, kann ganz rasch und unproblematisch vor sich gehen: kleine Kürbisstücke und geviertelte Champignons in ein Grati-niergefäß, etwas Öl, Kräutersalz und Pfeffer dazu, ein bisschen durchrühren und das Ganze regelmäßig verteilen. Ein klein wenig Wasser dazu, einige Butterschnipsel drüber und ge-riebenen Parmesan oder kleingewürfelten Schnittkäse oder ‚Dachziegel' aus Käsescheiben. Passende Abdeckung darauf – es gibt so Zwillingssets, ins Rohr damit und – eben – gratinieren (lassen).

Wer mag, kann auch Kartoffelscheiben beigeben und/oder Knoblauchzehen und/oder Zwiebelscheiben.

Auch mit anderen Gemüsen gelingt es, etwa mit Lauch, Karotten, Kohl …

Es kann so eine Art Eintopf darstellen, halt nicht im Topf zubereitet, sondern in backofentauglichem Gefäß.

Apropos SAUERKRAUT. Ich stampfe nicht selbst, sondern lasse stampfen. Manchmal kriegt man noch so ein gutes echtes Hausmacherkraut. Ansonsten kaufe ich offenes Biosauerkraut oder im Sackerl. Einen Gutteil des Safts presse ich in ein Glas und erfreue mich an dem mildsauren Geschmack.

Die Feststoffe esse ich roh oder verkoche sie. Man kann Zwiebel in Öl anschwitzen oder leicht rösten, dann das Kraut beifügen; wer will, macht vorher eine großmütterliche Einbrenn (= Schwitze, wie unsere westlichen Nachbarn sagen). Dann wird das Ganze sämiger. Lorbeerblätter und Wacholderbeeren dazu, einige Zeit köcheln lassen.

Sauerkraut, so heißt es, wird wie Gulasch immer besser, wenn's aufgewärmt wird, also ruhig eine größere Menge zubereiten und ausprobieren.

Man kann einen Teil auch in ein flottes Szegedinergulasch verwandeln, indem man Büchsengulasch dazugibt. Und Übriggebliebenes in eine aparte Suppe verwandeln.

Ad) KEIMEN

Das Wasser im Auffanggefäß kann man zum Zimmerpflanzengießen verwenden; so auch Kartoffelkochwasser u.Ä.

BlattSALATE aller Art bereite ich mit einer Marinade zu, welche nur aus Kräutersalz, Apfelessig und kaltgepresstem (z. B. Kern)Öl besteht. So schmeckt mir das Grünfutter am besten. Zucker tu ich keinen hinein, auch nicht eine kleine Prise. Kann ich nicht leiden. Genauso wenig wie in Zahnpasten, Mundspülmitteln, Medikamenten. Eine ehrliche Schärfe, Säure oder Bitterkeit ist mir da zehnmal lieber.

Einmal aß ich irgendwo einen Salat, so stark mit Zucker unterwandert, dass ich meinte, ich äße bereits die Nachspeise …

HÜLSENFRÜCHTE mag ich sehr. Besonders praktisch und auch schmackhaft sind Rote Linsen. Sie sind wirklich ganz rasch fertig, brauchen nicht einmal eingeweicht zu werden. Also nur kochen, würzen und genießen – als Beilage oder verdünnt und nachgewürzt als Suppe. Dahinein ein Eckerl Butter und zur frugalen Krönung geröstete Brotwürfel.

Es gibt sogenannte Spalterbsen zu kaufen. Die sind grün oder gelb, getrocknet und brauchen etliche Stunden Einweichzeit. Ein Hauch Speisenatron ins Einweichwasser soll die Erweichung begünstigen, heißt es – allerdings habe ich da nie so genau aufgepasst, ob das wirklich stimmt. Na ja, die Kochzeit ist ziemlich lang – man muss halt zwischendurch nachschauen. Wenn sie schön zerfallen, dann isses so weit. Sie gehen gerne über, also nur auf niedriger Stufe dahinköcheln lassen. Nach Geschmack würzen, Salz allein tät es auch.

TEIGWAREN sind sehr beliebt. Ich reiße mich nicht drum, mag jedoch ganz gern asiatische Mie-Nudeln. Wie auch immer, ich koche Teigwaren in ganz wenig Salzwasser. Und abspülen (,schrecken') tu ich sie, regelwidrig, auch nicht. Und ich verwende den Sud. (Pfui, höre ich da jemanden sagen. Aber das macht mir nichts. Und der Teigware auch nicht.)

MIRSE ist eine Beilage, bei der ich Mais und Hirse vermenge und in leicht gesalzenem Wasser gare. Ich koche immer gleich auch auf Vorrat für den nächsten Tag: Da kann man die übergebliebene Mirse in einer Pfanne mit Röstzwiebel aufwärmen – man zerteilt gekochte Masse mit einer Gabel – und etwas geriebenen Käse zufügen. Es ist jedoch auch eine süße Weiterverwendung möglich: Hirse in einer Schüssel zerteilen, Zucker, flüssiges Obers, Rosinen oder winters vielleicht Zitronat oder Aranzini dazu, mit Zimt würzen, alles gut vermengen. Schmeckt fein. Mir auf jeden Fall.

Zu REIS ein paar Worte. Er ist bekanntlich in großen Teilen der Welt ein Hauptbestand der Nahrung. Warum so gut wie überall der ausgeleierte weiße Reis zum Verzehr gelangt – darüber wundere ich mich immer wieder. Schade um die vergebenen Wert- und Vitalstoffe.

Wenn bei mir die Rede von Reis ist, dann von Vollreis, über dessen Zubereitung ich sicher nichts sagen muss. Vielleicht jedoch dieses:

Übriggebliebener Reis lässt sich für den nächsten Tag zu FRÜCHTEREIS verarbeiten, auch wenn er normal mit Wasser und etwas Salz zubereitet wurde. Ich schnipsle gern Bananen hinein – wer das nicht mag, nimmt andere Früchte. Flüssiges oder geschlagenes Obers dazu, etwas Zucker. Aus. Bon appétit! Ebenso kann man mit BUCHWEIZEN verfahren, welcher, gegart wie Reis, ebenfalls als Beilage oder als Nachspeise dienen kann.

TOPFENSTRUDEL. Hier greife ich auf einen gekauften Strudelteig zurück. Die Fülle bereite ich aus Topfen, etwas Zucker und gewaschenen Rosinen zu. Das ist alles. Gut vermengen, wer hat und mag: geriebene Zitronenschale beifügen. Diese Masse gleichmäßig auf das Strudelblatt aufbringen, halt ein bissl vorsichtig, weil es
leicht einreißt. (Ist aber nicht schlimm, man kann es sozusagen überspielen.) Das Ganze einrollen, samt der mitgelieferten Spezialpapierunterlage auf ein Blech hieven, mit Öl bestreichen und hinein in die Röhre. (Hierzu benötigt man ein ‚normales‘ Backrohr – in dem kleinen von mir sonst immer wieder eingesetzten würde der zarte Teig schnell ganz dunkel werden, während die Fülle noch halb roh wäre.)
Hinweis: In die Topfenfülle könnte man statt der Rosinen gschnipselte Früchte geben, Erdbeere macht sich gut, aber auch anderes Beerenobst. Oder ...

NUSSSTRUDEL. Fülle: gerieb. Nüsse beliebiger Art mit ein wenig Kondensmilch oder Süßrahm, Zucker und etwas Zimt verrühren. Wer Nüsse einsparen will, kann mit (Vollkorn)Brösel strecken.
Anstelle der Nüsse können auch geriebene Mandeln verwendet werden.

Auf Strudelblatt aufstreichen, rollen, Enden verschließen, mit Öl beträufeln, goldbraun backen. Schmecken lassen.

PALATSCHINKEN. Man kann die verschiedensten Mehlarten dazu verwenden. Mein allereinfachster Palatschinkenteig besteht aus Dinkelmehl, Wasser und einer Prise Salz. In gutem Öl Omeletten = Palatschinken herausbacken, Wenden nicht vergessen. Auf Küchenkrepp gelegt wird die Ölschicht reduziert. Mit Marmelade bestreichen, rollen.

Für Spielarten dieser Nachspeise wird dem Teig ein Ei zugesetzt und/oder das Wasser durch Milch ersetzt. That was it.

Als Kind hab ich mir öfter Palatschinken zubereitet, wobei ich Kakaopulver oder Ovomaltine in den Teig hineinverfrachtete. Diese dunkleren Gebilde nannte ich Elefantenohren und hatte damit ganz schön Erfolg bei Gespielinnen und Gespielen, welche dem Schöpfungsakt beiwohnen durften.

12-Minuten-KUCHEN. Zwei Minuten zum Teiganrühren – wie bei den Brötchen als Requisiten Schüssel und gestielte Teigspachtel – 10 Minuten Verbleiben im vorgenannten ‚Backöferl'. Meines produziert keine ganz regelmäßig verteilte Hitze und so ist es von Vorteil, das Kuchenblecherl in der Halbzeit umzudrehen – was vorn war, soll nach hinten kommen …

Bei diesem Kuchen gibt es ungezählte Möglichkeiten zu Varianten.

(Voll)Mehl, eventuell etwas Getreideschrot (wer eine Mühle hat), Wasser oder Milch, Öl, Zucker. Das Verrühren geht leicht und schnell. Das ist der Grundteig. Wenn gewünscht, den

Teig per Ei meliorisieren. Nun kann noch wahlweise beigefügt werden: Topfen, geriebener Mohn, geriebene Nüsse, Sesam oder Sonnenblumenkerne, Anis, geriebene Karotten, geriebene Äpfel, gequetschte Banane, Zucchini, Lebkuchengewürz, Apfelmus usf. – der Phantasie sind keine Grenzen gesetzt.

Für etwas LEBKUCHENartiges verwende ich Roggenmehl, evtl. plus Roggenschrot (nicht jeder mag ihn, nicht jeder verträgt ihn), Wasser, Zucker oder Honig, ein wenig Öl und Lebkuchengewürze.

Wenn beim Grundteig der Zucker weggelassen und durch Salz ersetzt wird, kann man z. B. geriebenen Käse zusetzen und erhält einen einschlägigen pikanten Kuchen. Gesalzen-geröstete Erdnüsse, gemahlen, machen sich auch gut; und geriebene Nüsse oder Mohn. Man kann die Phantasie spielen lassen und einfach ausprobieren .

Eine Freundin riet mir dringendst, den phantastischen So-und-so-Fertigapfelstrudel zu erstehen und zu probieren. Ich fand ihn oberöd, jedoch zu schade, um ihn wegzuwerfen. Ich schwitzte ein paar Apfel- und Birnenstücke in einer Pfanne mit Butter an, fügte Rosinen, etwas Zimt und den verschmähten und daraufhin zerbröselten Strudel hinzu, vermengte das Ganze und siehe – der Exstrudel in Schmarrnform fand allgemein Gefallen, wenn nicht

unbedingt optisch, so doch per Gaumen. Ein übriggebliebener Rest mundete am andern Tag auch kalt. Na ja, ein Schlagobershäubchen wäre ansehnlich gewesen, aber nicht immer ist der Kühlschrank perfekt bestückt.

Ein KOMPOTT ist rasch anzufertigen.

Früchte der Jahreszeit in appetitliche, d. h. ‚mundgerechte‘ Stücke schneiden, Wasser, Zucker, Nelken und Zimtrinde dazu, auch Sternanis passt gut. Aufkochen, ausschalten, Deckel noch drauflassen, die Restwärme gart fertig.

Nach dem Auskühlen füge ich manchmal einen Schuss Rosenwasser bei! Das Kompott hat dann etwas ganz Eigenes, Besonderes. Kaum ein Gaumen sagt Nein dazu.

Auch ein Schuss Rotwein macht sich gut.

Saisonale Falläpfel bekommt man da und dort geschenkt, vor manchen Obstgärten findet man Kartons aufgestellt mit der Anregung zur Entnahme. Eventuell faule kleine Stellen lassen sich ausschneiden, da ist es nicht so wie beim Brot, das man bei Schimmelbefall im Ganzen entsorgen soll, auch wenn man im Inneren optisch nichts bemerkt.

Eine Kompottvariante in der Zubereitung probierte ich in der herbstlichen ‚Sturm- und Drangzeit‘ aus. Sturm – das ist ein Rebensaft, d.h. eher ein Traubensaft, auf dem Weg zur Weinwerdung, der ihm jedoch abgeschnitten wurde. (Auch Nichtalkoholliebhaber könnten sein geschmackliches Auftreten liebgewinnen.) Drang deshalb, weil er aus der Flasche drängt vor lauter power. Dieses süße, stark moussierende Getränk, in Rot oder Weiß erhältlich, verwendete ich zum Kochen eines Kompotts, tat die zu kochenden Früchteschnipsel also nicht in Wasser, sondern in (künftigen) Wein.

FRUCHTSALAT schmeckt fein. Gewürfelt oder blättrig geschnittene Früchte der Saison, Zitronensaft drüber, etwas Zucker und Zimtpulver dazu, sanft umrühren. Ein Schuss Rum könnte das ganze sozusagen unterstreichen. Wer keine Zitrone mag, kann Joghurt verwenden, aber auch süßer oder saurer Rahm macht sich gut.

Im Herbst gibt's ganz viele einheimische Äpfel – entweder man hat selbst welche im Garten oder man kriegt sie geschenkt, wenigstens in einem guten Apfeljahr, wo man schon nicht mehr weiß, wohin damit. Also: Apfelschnitze in Butter anschmoren, Zucker und Zimt drauf. Und in wenigen Minuten ist eine feine SCHMORAPFEL-Nachspeise fertig. Schlagobers könnte eine Krönung darstellen.

TOPFENCREME schmeckt ebenfalls ansprechend (dem, der Topfen – von den Bajuwaren
Quark genannt – mag). Mageren oder fettreichen Topfen – wenigstens fürs Rezept isses egal, welchen man verwendet – mit Rosinen und/oder Marmelade oder zerkleinerten
Früchten, etwas Zucker und flüssigem oder geschlagenem Obers (süße Sahne) vermengen. Sparrezept: Wasser statt Obers; für die Fastenleut. Dann auch ohne Zucker.
Es ist an der Zeit, meinen schlagkräftigen Schlagoberstrick bekanntzugeben. Aus einem Irrtum heraus nahm ich zum ‚Cremieren' bzw. ‚Festmachen' von Obers den Mixstab anstelle des von den Erzeugern dafür vorgesehenen Geräts mit den beiden Beserln. Bevor ich den Irrtum richtig bemerkte, war

das Obers schon fest! Jawoll! Also in kürzester Zeit. Und zum Abwaschen bzw. Abschwemmen hat man auch fast nix. Kann ich nur empfehlen.

Weil wir bei Obers sind, für welches ich leider eine große Zuneigung habe:

Obers mit Kakaopulver und Zucker! Obers mit Zimt- und Nelkenpulver! Obers mit Hagebutten- oder Apfelmus ... etc. etc.

Auch z. B. mit Cappuccinopulver macht sich Schlagobers gut.

Topfencreme kann man auch herstellen, indem man einen Smoothie in Topfen einbringt und gut verrührt. Allgemein jedoch: Es ist angeblich physiologisch wertvoller, dem Körper ganze oder gestückelte Früchte zuzuführen anstatt mechanisch aufs Feinste zermanschgerte, wenn man nicht gerade ein zahnloser Säugling oder ein ebensolcher Senior ist.

Zu PUDDING hat die Menschheit ein zwiespältiges Verhältnis. Die einen lieben ihn, die anderen verachten ihn.

Um z. B. Vanillepudding aufzupäppeln, kann man kleine Bananenstücke unterjubeln. Oder einige Rosinen, die man ein paar Tage in Rum hat baden lassen. Drüber für den, der mag, eine schokoladige Sauce: Zucker mittels ein paar Tropfen Wasser zum Auflösen bringen, entöltes Kakaopulver und flüssiges Obers dazugeben und gut verrühren. That was it. Manche mögen auch eine Fruchtsauce drüber, z. B. kalt gerührt aus frisch zu quetschenden Himbeeren.

SCHWARZER TEE. Ich mag ihn recht gern. Meine Lieblingssorte ist der Earl Grey. Am Morgen nenne ich ihn Early Grey. Einem neutralen Schwarztee gebe ich ab und zu eine kleine Eigennote, indem ich dem Aufzugießenden Nelken und/oder Zimtrinde beifüge. Besonders winters hat das sozusagen was Kuscheliges.

SpezialKAKAO. Entöltes Kakaopulver – ich verwende solches aus dem Weltladen – in einen Topf, Rohrohrzucker dazu sowie je eine Prise Nelken- und Zimtpulver. Mit etwas heißem Wasser aufgießen, alles fein verrühren. Dann heiße Milch dazu, damit man die Getränkmenge zusammenbekommt, auf die es einen gelüstet. Zur Feier des Tages (jeder erlebte Tag kann ein Fest sein bzw. beinhalten) einen Schuss Cognac hinein.

HEISSER APFEL-, BIRNEN- oder TRAUBENSAFT: Packerlqualitätssaft gut erwärmen, Zimtstange und ganze Nelken beifügen, bisschen ziehen lassen, Gewürze entnehmen und genießen.

SpezialGLÜHWEIN: Ich bevorzuge dafür Rotwein, kann ruhig ein Verschnitt sein. In dem Ausmaß, wie ich Wein verwende, verwende ich auch Wasser. Dieses koche ich mit Zucker und Gewürzen auf, füge dann den Wein hinzu. Wer will, kann das Ganze nochmals erhitzen. Ich mach's nicht. Mir genügt, wenn der Glühwein warm ist, aber ich weiß, viele oder wenigstens manche mögen's heiß.
Wenn ich Orangen zuhause habe, füge ich noch etwas gepressten Saft bei.

Schnell zubereiteter LIKÖR gefällig? Rum, Zucker, Obers mixen. Fertig. Abarten (Unarten?): konzentrierter Anis-, Zimt- oder Nelkensud; oder Schwarzteekonzentrat. Man kann experimentieren mit den verschiedensten Zutaten. Nimmt man Früchte oder Fruchtkonzentrat, ist Obers aus Gerinnungsgründen nicht geeignet – es wird durch abgekochtes Wasser ersetzt. Rum bleibt, aber man kann auch einen ‚Klaren' nehmen oder ein aus destillierten Früchten oder Getreide gewonnenes Wässerchen (Wodka). Ist halt dann etwas dünner, muss aber deswegen auch nicht schwach auf der Brust sein.

Einen Zitronenlikör bereite ich aus geraspelter Bio-Zitronenschale, die ich mit Zucker und etwas Wasser ein paar Minuten koche. Auskühlen lassen, Flüssigkeitsmenge mit einem Obstler verdoppeln, abfüllen. Probieren, noch was überlassen.

VERMISCHTES ZU KOCHEN UND HAUSHALT

Was Trinkbares anlangt: Man rümpfe bitte nicht die Nase, wenn ich als bestes Getränk das Wasser anführe. Das aus der Leitung oder einem vertrauenswürdigen Brunnen. Zumindest in unseren Breiten.

Welch ein Aufwand z. B. der Umgang mit den Mineralwasserflaschen, egal ob aus Glas oder Kunststoff. Gar nicht zu reden von den schrecklichen Alubüchsen, die ubiquitär Stadt und Land, Wüsten und Meere bevölkern. Bier und Wein – weil sich's reimt – muss auch nicht sein. Mein geistiges Ohr vernimmt ein verständnisloses Aufheulen. Wurscht. I c h bin begeistert von einem gelegentlichen naturtrüben Apfelsaft. Der dem gefüllten Teller an die Seite gestellt – ein Festessen. Wenigstens für mich ...

Am Ende allen Kochens (und Essens) kommt das Gschirrwaschn. Einfache Speisen und deren Zubereitung schreien nicht nach viel Geschirr. Und's geht prima mit der Hand.

Aber was ich da manchmal so sehe in geschirrspülerfreien Küchen: Es wird ein Schaumbad angerichtet, mit dessen konzentriertem Inhalt ich ein halbes Jahr auskäme. Also bitte an das arme Abwasser etc. denken.

Zum Reinigen und Putzen allgemein andernorts in meinem Spar-Buch.

Im unmittelbaren Umfeld meines Essplatzes betreibe ich eine kleine Zierpflanzenzucht. Es ist spannend zu beobachten, wie etwa aus einem Avocadokern ein Bäumchen wird. Oder ein Ableger einer Zimmerpflanze, in ein Glasgefäß gestellt, nach und nach kleine Wurzeln ausbildet. Beim Essen hat man Muße, kleinste Veränderungen und Fortschritte wahrzunehmen. Oder man sollte sie zumindest haben.

Im Anhang an diesen ‚Nahrungsteil' noch ein paar gesammelte Rezepte – Lieblingsspeisen, die mir eine Bekannte in Aufzeichnungen schenkte. Sie stammen von Verwandtschaft und von Reisen.

„Bei Tante Fini im Ländle war der Montag ein Rübel-Tag. Da gab es morgens und abends diese Speise zur Tagesstärkung und zum Tagesabschluss:
1 Tasse Hartweizengrieß plus 1 Tasse gewässerter Milch; quellen lassen, salzen. Dann in einer Pfanne mit Butter gut rösten. Kristallzucker drüberstreuen. Milchkaffee bereiten. Per Suppenlöffel den Rübel in den Kaffee tunken und verspeisen. So für den Morgen. Am Abend gibt es noch eine Schale Apfelmus dazu.

Eine Eigenkreation meiner Mama Hildegard war der Pfirsichauflauf. Als Erstes Rundkornreis gut dämpfen und eine Auflaufform sorgfältig einfetten.
Den Inhalt einiger Eier trennen, Dotter, Staubzucker und Vanillezucker unter den Reis mengen. Das steifgeschlagene Eiweiß unter die Masse heben und nun damit schichtweise die

Auflaufform befüllen; als Zwischenlage jeweils Pfirsichspalten aus der Dose.
Das Ganze bei ca. 170° ca. 20 Min. backen.
Wer will, kann Himbeersaft dazu servieren.

Die Steindlwirt-Oma überliefert ein ganz rasches Bananendessert: Geschälte Banane der Länge nach halbieren, mit Preiselbeermarmelade garnieren, mit festem Obers aufdressieren.

Bei Tante Kathi, einer anderen Wirtin, musste es auch manchmal rasch gehen. Sie füllte vorgefertigte Teigstanitzel mit bissfest gedämpften Früchten der Saison. Dazu gab es eine Puddingcreme – Pudding mit geschlagenem Obers verfeinern.

Eine schweizerische Zwetschkenwähe ist zu erwähnen: in eine flache Tortenform Strudelblätterteig einpassen, mit Zwetschkenschnitten sternförmig belegen. Darüber grob geriebene Walnüsse und großkörnigen Zucker streuen, beides nicht zu sparsam. Im Rohr backen. Noch warm zu Kaffee servieren.

Oma Rosa (‚Donna Rosa‘) – die mit den unterschiedlichsten Blutzuckerwerten – liebte ihren Spezialapfelstrudel, an dem sie teilhaben ließ.
Strudelteig (ob gekauft oder selbstgebastelt, ist nicht überliefert) mit Zimt bestreuen, feingespaltene Äpfel drauf verteilen, ein paar Rosinen drüber; gefühlvoll begießen mit Birnendicksaft, dann bei 170° hellbraun backen. Dazu ‚Kaffee mit Schlag‘.

Erinnerung der Rezepteaufzeichnerin an eine Spezialität aus Kindertagen:
Warmer Vanillepudding, durchzogen mit Eischnee, dazu Kompottfrüchte und eine feine Waffel.

Samstag war Backzeit bei der burgenländischen Brigitta – auf Vorrat für Gäste und spontane Feste. ‚Himmlische Vanillekipferl' gehörten dazu. Sie entstanden aus:
210 g feiner Margarine, in kleine Würfel geschnitten und zerbröselt mit 280 g glattem Mehl; dazu 100 g geriebene Walnüsse und 70 g Staubzucker. Der Teig rastete ca. 1 h. Geformte Kipferl bei 180° 12 Min. backen und noch heiß mit Mischung Vanille-Staubzucker bestäuben. In Dosen gefüllt an und für sich längere Zeit haltbar, aber das eher in der Theorie, denn die Praxis zeigte ein schnelles ‚Dahinschmelzen'.

Der folgende Flower-Power-Flip-Tipp stammt von einem gewissen Karl-Heinz, der ihn aus einem Urlaub mitbrachte.
1 Banane und 1 Kiwi mit 1/8 l Mineralwasser pürieren, in große Gläser füllen. Je 1 Vanilleeiskugel und Hohlhippen dazu, für Nichtautofahrer noch ein Schuss Prosecco hinein.

SPARBUCH

Bereits der Mittelteil dieser Trilogie war ja eine Art

SPARBUCH

Hier nun finden Sie in ungezwungener Reihenfolge Tipps sowie Ein- und Ausfälle, um u. a. die Umwelt und das Geldbörsl schonen zu können. Man spare froh …

Anmerkung: Was nicht (industriell) erzeugt werden muss, nützt letztlich der Umwelt und damit auch uns Normalbürgern. Wir sind nicht verpflichtet, Konzerne zu päppeln. Also – Zurückhaltung im Konsum ist dringend anzuraten, in unser aller (Normalverbraucher-) Interesse.

Zurückhaltung zieht weniger Abfall nach sich … weniger Müll kommt uns allen zugute.

Es ist ja leider so, dass unsere Gesellschaft, welche von weltumklammernden Großkonzernen überschattet ist, uns so erzieht, dass wir stets ein Mangelgefühl verspüren (sollen) und unser Bestreben immer das (Noch mehr-)Wollen ist bzw. sein soll. Die Begehrlichkeiten werden geschürt. Um unsere Welt nicht ganz vor die Hunde gehen zu lassen, wäre ein rechtzeitiges Sättigungsgefühl, ein Gefühl für das Genug, eine gute Sache.

Ich weiß, man begibt sich auf Glatteis, wenn man am ewig propagierten Wirtschaftswachstum Kritik übt. Über weite Strecken ist die Suffizienz jedoch längst eingetreten und alles Mehr wirkt in die verkehrte Richtung.

Wenn man jung ist, will man seinen Besitz vermehren, das ist verständlich. Wenn Alte immer noch vermehren wollen, ist es das nicht, zumindest nicht in meinen Augen. Besitz ist oftmals Ballast, man ist fixiert und besorgt, während das Leben vorüberhuscht.

Alle paar Jahre neue Möbel und das Bad anders gefliest, jedes Jahr neue Bekleidung etc.: Man m u s s nicht! Meine Wohnungseinrichtung z. B. ist bunt zusammengestoppelt, so manches vom Flohmarkt befindet sich darin, und doch fühlen sich Besucher wohl. Zumindest konnte ich bisher keine mir zugetragene Klage vernehmen.

Eine nette Sache ist der NIMM- UND BRING-TISCH. Er kann eine Art Gesellschaftsspiel sein, nützlich und kommunikativ. Nützlich für alle Beteiligten: Jemand lädt zu sich ein und stellt eine Tischfläche zur Verfügung. Jeder kann bringen, jeder kann nehmen. Wer nichts bringt, kann trotzdem nehmen, wer nichts zu nehmen die Absicht hat, kann trotzdem was beisteuern. Ich denke, jeder von uns hat Sächelchen aller Art zuhause, die man nicht wegwerfen möchte, aber doch nie braucht. Und dann findet sich vielleicht jemand, der bei Zusammenführung von Mensch und Ding genau das oder das schon jahrelang gesucht hat oder kindliche Freude über etwas verspürt, bei dem der andere froh ist, es los zu sein.

Natürlich muss es sich um Intaktes und Sauberes handeln!

Auch Kleidungsstücke finden Abnehmer. Und ... und ...

Was keinen Abnehmer findet, kann man in Kartons verstauen und zum nächsten Sozialflohmarkt bringen.

Eine KLEIDERTAUSCHBÖRSE hat ebenfalls ihr Gutes und Nettes. Man kann sie in größerem Stil durchführen oder auch im Privatkreis. Und kaum jemand geht heim, ohne ein kostenfreies Schnäppchen gemacht zu haben oder wenigstens was losgeworden zu sein, was im Vergleich zur jetzigen Kleidergröße ohnehin nicht mehr mithalten hat können, jedoch noch recht passabel aussah.

Ein wärmender Poncho gegen unterkühlte Wohnung, schnell angefertigt: preisgünstige Fleecedecke (Recyclingmaterial), mittig runde Öffnung hineinschneiden – nicht zu groß, da das Gewebe leicht nachgibt. Fertig. Angenehm zu tragen, entfaltet sofort seine Wärmekräfte.

Wer das ganze Jahr über äußerst preisgünstiges frisches zartes Grün essen möchte, sollte sich die kleine Mühe machen und KEIMEN. Ein Keimgerät aus dem Biohandel ist leicht zu bedienen. Verschiedenste Samen, Hülsenfrüchte, Getreide usw. sind zum Keimen geeignet, es gibt für jeden Geschmack etwas, Scharfes und Mildes. Voraussetzung sind die Keimfähigkeit und eine vertrauenswürdige Quelle für den Einkauf.
Die vitalstoffreichen Keimlinge, welche sich nach wenigen Tagen ergeben und nur ein paar Cent kosten, kann man verknabbern oder fügt sie einem Salat bei, egal welcher Art. Sie machen sich überall gut.
Es ist jedoch auf Sauberkeit und gutes Durchspülen während des Wachstums zu achten. Das Heranwachsen zu beobachten ist ein stilles Vergnügen, man kann quasi dabei zusehen.

Zeit ist Geld, heißt es. Ich will hier jedoch Muße ansprechen. Nicht jeder hat oder will einen Geschirrspüler. Abgewaschenes Besteck z. B. trockne ich nicht ab, sondern stelle es kopfüber pauschal in eine Art bodengelöcherten Naturholzköcher – drunter ein Stück Frotté, das ich immer wieder zur Wäsche in die Maschine gebe. Und dem Besteckbehälter entnehme ich dann das Esswerkzeug wieder. Das ist mir, abgesehen von der gewonnenen Zeit, lieber, als mit einem Geschirrtuch herumzufummeln und Keime zu verteilen.

Man lehnt am Bank- oder Postschalter, wartet, bis das Fräulein oder der oftmals junge Mann die Agenden durchführt. Währenddessen kann man seine Augen schweifen lassen. In vielen Fällen liegt irgendwo eine einsame Büroklammer, die zu verstehen gibt, dass sie, vollkommen intakt, einem gern bei Bedarf dienstlich sein und nicht in einem Putz- oder sonstigen Kübel landen möchte.

Gummiringerl ernte ich von den Radieschenbünden. Also diese beiden praktischen Miniaturgebrauchsgegenstände brauche ich nie zu kaufen. Dass ich mein gesamtes Konzept- und Notizpapier aus (oft ungebetenen, unliebsamen) Briefsachen gewinne, sei so nebenbei erwähnt.

Tägliches Haarewaschen (wenn man nicht in einem Kohlebergwerk arbeitet oder eine bestimmte Pollenallergie hat), täglich die Waschmaschine rennen lassen – wenn das alle machten, wären wir bald am Sand.

Zur Körperreinigung verwende ich nur Wasser und Seife. Geht doch! Alles andere ist für mich obsolet und völlig unnotwendig.

Fürs Haar nehme ich sparsam ein mildes Shampoo. Schnell trocknen tut's, wenn ich den Kopf mit Küchenkreppabschnitten betupfe. Mit dem feuchten Papier kann ich dann noch irgendwo ein bissl Boden wischen – wer meint, sein Boden wäre immer und überall sauber, macht sich wahrscheinlich was vor.

Haarspray und Gel treiben oft wunderliche Blüten hervor. Ob Vordach, ob zu einem Helm hochstilisierte Frisur – die Haarmasse so fest, dass kein Wind ein Härchen krümmen kann. Chemie ins Haar, Chemie aus dem Haar …

Gegen Achselschweißgeruch verwende ich nach dem Duschen einen Kristallstift, der nicht das notwendige und natürliche Schwitzen unterbindet, jedoch den Bakterienzersetzungsgeruch, welcher unweigerlich entsteht bzw. entstehen würde und dem üblicherweise mit schärfster Waffe zu Leibe gerückt wird. Der Stift ist von milder Sorte und kostet nur wenige €. Auskommen tu ich damit ca. 1 Jahr(!). Keine lungegängigen Nanosprühperlen hängen in meinem Bad in der Luft, kein Deo-Stift hat es auf meine brustnahe Lymphe abgesehen.
Ein paar subjektive Worte zum Schminken, auf die Gefahr hin, dass ich nur wenig Verständnis dafür finden werde, vor allem in der Damenwelt:
In den Endjahren meiner Teenagerschaft und den Anfangsjahren meines Erwachsenseins wendete ich Schminke an, probierte und variierte. Es kam jedoch bald der Zeitpunkt, da ich mir die Frage stellte, ob es wirklich sein muss, Schleim-, Horn- und andere Häute mit Farbe und allem Beiwerk zu traktieren.

Mit meinen Augenbrauen war ich nie im Clinch – sie durften immer dort wachsen, wo sie von Anfang an hingesetzt waren, und wurden nie grausam eliminiert und an anderer Stelle ,nachgezogen'. Und meine Wimpern, auf welche Art auch immer, auf Biegen und Brechen und Verlängern zu vergewaltigen, danach stand nie mein Sinn. Ja, ich hatte ein paar Sommersprossen – heute sind solche Attribute längst auch von der Allgemeinheit akzeptiert, früher war das nicht so toleriert und ich wäre lieber ohne gewesen.

Angeblich nimmt eine ,Lippen nachziehende' Frau rund dreieinhalb Kilo Stiftmaterial zu sich, bis das eigene Schminken quasi von selber aufhört.
Und das Material ist kaum bio.

Haare färben. Auch so ein Kapitel. Ich gebe zu, ich wäre immer gern, was zwar nicht die Seele, jedoch die Haarfarbe betrifft, rabenschwarz gewesen. Mein Haar hatte es nur auf dunkle Kastanie gebracht. Früh wurde ich grau, Erbteil meiner Mutter, die mit 40 bereits weißhaarig war, wodurch sie früh großmutterartig wirkte, was mir oft unangenehm war. Ich habe jedoch bis heute widerstanden, mich bzw. mein Haar zu färben.
Ab- und erschreckend war und ist für mich immer der Anblick von etwa kunstgelborangekarottigem oder lilablassblauem Haar und den jeweils sich bald hervortuenden Haaransätzen, welche eine eigene Farbsprache sprechen.

Was Eincremen betrifft, so vollführe ich persönlich das nur an Händen und Füßen, sonst bleibt mein body unbehandelt. Ich er-spare ihm das Ein-und Anstreichen, das Bespachteln, Besprayen und Bepinseln. Er hat es mir bisher nicht zum Vorwurf gemacht.

Die Zufuhr von Fettstoffen, Chemikalien etc. nützt am ehesten den Produzenten.

Und wenn ich so denke, wie viel Lebenszeit da vergeht, wenn man sich am Morgen maskiert (schminkt) und am Abend nach Abbau der Fassade und somit Demaskierung doch wieder sein wahres Spiegelgesicht erblicken muss ... (Manche beste Freunde/ Freundinnen sind einander noch nie pur gegenübergetreten.) Und jeden Morgen die neuerliche Kunstwerkerrichtung; nein, ist nichts für mich.

Eine Schwäche für gute Düfte – die kann ich vorweisen. Ich bin jedoch empfindlich bei den Wässerchen und Parfums – bei neun von zehn Duftsorten wird mir regelrecht schlecht, egal ob von Weltfirma oder aus fernöstlichem Hinterhoflabor. Ich liebe Zitroniges, aber auch den altmodischen (?) Lippenblütlerduft Patschuli ... Und noch einiges andere. Wenn es Schokoladeparfum gäbe, würde ich mich darin einhüllen oder zumindest vornehm zart betupfen.

Nur wenige Worte möchte ich zu den Gruselkabinettstücken verlieren wie Fahrradschlauchlippen, verzogener Mund im mimikbefreiten Gesicht – sozusagen das Fell über die Ohren gezogen – oder Ballonbusen („Marion, zeig mir doch dein Silikon", wie es, so glaube ich mich zu erinnern, in einem Kabarett hieß): Ans Altern kann man sich gewöhnen! Es findet ja täglich statt.

Kunststofftuben aller Art – auch wenn sie brav ausgedrückt und aufgerollt wurden, beinhalten immer noch einiges, das vordem problemlos in gewünschter Menge ans Licht gebracht werden konnte. Schneidet man die Tube einige Zentimeter unter der Öffnung quer auf, wird man sich wundern, was man an cremigem Material gerade dabei war wegzuwerfen.

MEDIKAMENTE und ihre oft bedenkenlose Einnahme sind ein eigenes Kapitel. Überdenken, Überprüfen, Durchforsten kann zu einem Einspareffekt führen, Abwässer und letztlich das in manchen Gegenden ohnehin bereits schwer belastete Trinkwasser (künstliche Hormone!) werden es uns danken.

VERREISEN. Wer verreist nicht gern? Ja, es soll auch eine Menge solcher Menschen geben, denen ihr eigenes Nachtkastl und der gewohnte Lichtschalter durch nichts zu ersetzen ist. Zugeben muss ich, dass auch ich sozusagen lieber durch meine heimatliche Klobrille schaue als durch eine im nicht immer astreinen Abseits.

Ich bin jedoch immer wieder einmal gern im Anderswo. Ich nachtträume oft von verwegenen Gegenden, aber en realité bevorzuge ich doch Gesittetes. Von kleinen Ausreißern abgesehen bleibe ich im sicheren Lande.

Was gibt es nicht alles zu entdecken auch in nächster oder übernächster Nachbarschaft! Eine Wanderung über die (noch nicht leeren) Dörfer, eine Radtour zu einem See, die Besichtigung einer kleinen feinen Stadt – das gibt mir Berge.

Meine ökologische Fußspur nicht ausufern zu lassen ist mir ein Bedürfnis. Ich will nicht per Quadratlatschen unauslöschbare Abdrücke hinterlassen. Es geht mir – wenigstens gewissensmäßig – besser dabei, hier irgendwo zu plantschen als auf den fernen Malediven. Was ehrlicherweise auch eine Frage des Budgets ist.

Wo ließe sich noch (ein)sparen? Etwa bei Lärm!! Ich denke da z. B. an das widerliche Laubgebläse, welches über Grau- und andere Flächen herfällt und seine satanischen Verse rauslässt, dass es nur so widerschallt; und der Gestank ist auch nicht zu verachten; alle anwesenden Anrainer sind im bösen Bann dieses kleinen Ungeheuers.

(Auch früher konnte Laub etc. beseitigt werden – jedoch ohne eine unschuldige Menschenanzahl in grausige Geiselhaft zu nehmen.)

Sparen könnte man meiner Meinung nach dann und wann auch bei den furchterregenden, manchmal beinah sadistoid eingesetzt anmutenden Folgetonhörnern von Rettung, Polizei, Feuerwehr. Die Straße ist leer, es wird jedoch getutet, dass dem armen Passanten die Ohren zufallen.

Der ‚Musik'-Lärm, diese quasi ubiquitäre Zwangsbeschallung an allen Ecken und Enden, sei ebenfalls hier erwähnt. Und die Ohrenzudröhnung vieler jüngerer Leute ... Die HNO-Ärzte werden ihre Freude dran haben und ihre Praxen wohlgefüllt sein.

Ich persönlich empfinde besonders Lärm, der vermeidbar ist und eine gewisse Grenze überschreitet, als Körperverletzung!

Neulich ist mir der Begriff ‚Wortehaushalt' eingefallen. Ja, es ließe sich auch mit mündlichen und schriftlichen Worten ökonomisch umgehen.
Habe dazu – weiß nimmer, wo und wann gefunden – eine anonyme Geschichte, die ich sinngemäß kurz nacherzähle:

Die drei Siebe des Weisen
Zu Sokrates kam jemand und sagte: „Höre, das muss ich dir erzählen!" – „Warte! Hast du, was du mir sagen willst, durch die drei Siebe laufen lassen?" – „Drei Siebe? Davon habe ich nie gehört." Darauf Sokrates: „Das erste prüft die Wahrheit. Ist das, was du mir erzählen willst, wahr?" – „ Ich habe es erzählen gehört ..." – „Hm. Das zweite Sieb prüft die Güte. Ist das, was du mir berichten willst, gut?" – „Nein, im Gegenteil ..." – „Das dritte Sieb prüft die Notwendigkeit. Ist es notwendig, dass du mir das erzählst?" – „Eigentlich nicht ..." Lächelnd sagt Sokrates: „Wenn es also weder wahr noch gut noch notwendig ist, so begrabe es und belaste weder dich noch mich damit!"

Was Worteökonomie betrifft, so ist natürlich gefühlvoll zu unterscheiden bzw. zu beachten:
Hie und da ist ein freundliches Wort besser als Schweigen, sei es in der Ehe oder etwa seitens Zahnarzt, der auch manchmal den Mund nicht aufbringt, um Beruhigendes, ja geradezu Wunder Wirkendes auszusprechen.

In der Spitalambulanz wird mit soldatischem Befehlston der ohnehin Leidende aufgerufen. Ein kleines „Bitte Herr/Frau … ", und schon verbessert sich die ohnehin gedrückte Stimmung.

Oder die allgemeinen ‚Zauberworte' bitte, danke, Grüßgott, welche meiner Meinung nach auch zu wenig kultiviert werden und oft unterbleiben, erwachsenen- und kinderseits.

Ansonsten finde ich, dass Sparsamkeit durchaus angebracht ist. Von welch unendlichem Gequatsche und Gequake man allenthalben umgeben ist, sobald man sich unter Leuten befindet ... Telefonanten sind überall und jederzeit am Werk. Wer z. B. einen Obus benützt, kann davon ein Lied singen (aber bitte stumm!).

Ich war ein Kind, als ich einmal in irgendeiner Geschichte las, dass jemand zu jemandem sagte: „Sie reden flüssig. Sie reden sehr flüssig. Sie reden überflüssig." Das hat mich ziemlich beeindruckt.

Da auch schriftlich nicht mit Worten gegeizt wird, habe ich den neuen Beruf des Kürzers, der Kürzerin erfunden. Ich stelle mir vor, dass, bevor z. B. was bei Zeitungen in Druck oder ins Netz geht, von einer gewieften Persönlichkeit gekonnt zusammengestutzt wird. (Auch mein Verleger …)

Weniger Papier, weniger Druckerchemie, weniger notwendige Transportkapazität usw.; ich höre das Aufatmen der Postzusteller; und der Tag für den Leser hätte plötzlich eine geraume Zeitspanne mehr …

Ähnliches Zusammenstutzen täte auch Gesetzestexten, Gebrauchsanwendungen, Eröffnungsreden usw. gut!

WÄSCHEWASCHEN. In vielen Haushalten dampft tagtäglich die Waschmaschine. Es wird auf Teufel komm raus hineingestopft, ohne nachzudenken, ob dies und jenes wirklich ,notwendig ist‘, ob es die Prozedur wirklich notwendig hat.

Die Umweltbelastung durch Waschpulver ist nicht gering, weswegen ich abwechselnd eine Waschkugel einlege, erhältlich im Bioversand, gefüllt mit mineralstoffpräparierten Keramikperlen, die auf wundersame Weise die Reinigung bewirken und angeblich um die tausend Waschvorgänge bewerkstelligen. Da brauche ich dann kein Waschpulver. Ist Wäsche jedoch stärker verschmutzt, nehme ich Bio-Waschmittel. Ich wechsle die Waschmittel, eingedenk des Ausspruchs eines Zahnarztes, dass es von Vorteil ist, die Zahnpasten zu wechseln.

Manches Stück lässt sich leicht zwischendurch im Waschbecken waschen. Nebeneffekt: Das Waschbecken wird ebenfalls schön sauber und die Fingernägel, die man vielleicht zu kürzen vorhatte, werden gut weich und können einem bequemen Schnitt zugeführt werden.

Viele Leute fühlen sich nur fasergeschmeichelt wohl, Unterwäsche, Handtücher und das sonstige Leben – am besten immer weichgespült.
Diese Abwasserbelastung kann man sich durchaus sparen, ohne Lebensqualität einzubüßen. Finde ich.

PUTZEN. Manche Menschen tun's gern, andere weniger, manche äußerst selten, manche lassen putzen.
In den Haushalten sind ganze Heerscharen von Reinigungsmitteln zu finden. Angeblich sind zurzeit in deutschen Landen um die 54.000 diverse Wasch- und Reinigungsmittel auf dem Markt, fast jedes strotzend vor Zutaten aus den Giftlabors. Essig- und Zitrusfrüchtezusätze greifen zwar unerwünschte Bakterien an, aber leider auch diejenigen, die beim Abwasserabbau eine wichtige Rolle spielen. Zumindest war dies in einer Fernseh-Doku zu hören.

Wenn ich putze – ich tu das nicht sonderlich gern –, ist die erste Option das putzmittelfreie mechanische Reinigen, per Hand, mit geeignetem Tuch. In vielen Fällen genügt bereits heißes Wasser! Das wird oft übersehen und man rückt allem Möglichen gleich mit der Biozid-Keule zu Leibe.
Kleinere Teppiche kann man von Haaren und oberflächlichem Staub mittels eines Mikrofasertuchs befreien.

Gegen Schmutz auf festen Flächen, dem man nicht mit einfachem Wischen beikommt, verwende ich in einen kleinen Streuer abgefülltes Speisenatron. Das ist vielfältigst einsetzbar, ein paar Stäubchen von dem feinen weißen und geruchlosen Pulver wirken Wunder. Kann nur raten, das zu probieren. Es gibt kaum etwas zu Reinigendes, das nicht erfolgreich mit diesem sauber würde.

Eine ausrangierte Zahnbürste tut noch gute Dienste, wenn man in engere zu putzende Gefilde vordringen möchte, eventuell mit einer Spur Zahnpaste versehen. Spülen nicht vergessen.

Wenn ich für irgendetwas eine kleinere Menge heißes oder kochendes Wasser brauche, nehme ich den WASSERKOCHER. Die Anschaffung eines solchen lohnt sich.

Über STROMSPAREN liest man immer wieder. Jeder kann nachdenken, wo in seinem Umfeld Strom gespart werden kann, der zwar aus der Steckdose kommt, jedoch bereits vorher sozusagen einiges hinter sich hat, was der Natur mehr schadet als nützt. Der beste Strom ist der, den man nicht verbraucht.

Wie viele Gebäude erglänzen wie Kathedralen während einem Hochamt!
Wie viele Strom verbrauchende Geräte stehen Tag und Nacht bei Fuß!
Nachdenken und Handeln ist Gebot der Stunde!

BÜGELN. Man mag es oder man mag es nicht. Nicht jeder ist ein Thomas Bernhard, der in seinem bäuerlichen Anwesen laut Augenzeugen sogar mehrere Bügelstellen eingerichtet hatte, die er abwechselnd und mit Freude bediente.

Fest steht, zumindest für mich, es muss viel weniger gebügelt werden, als man glaubt. Einiges hängt bereits davon ab, wie der maschinelle Wasch-, Schwemm- und Schleudervorgang gestaltet war. Ein Wäschetrockner ist bei meinen Ausführungen nicht im Spiel.

Die Wäsche ordentlich geglättet und ausgestreift aufzuhängen ist schon fast das halbe Bügeln. Und ob z. B. Geschirrtücher und Bettwäsche eine bügeleiserne Extraglättung wirklich benötigen, darüber lässt sich streiten.

Ich spreche hier nicht von bügelfreien Baumwolltextilien, welche auf zwar wundersame, jedoch nicht unbedenkliche Art ihre Dauerstraffheit gewonnen haben.

Eine alte Frau zeigte mir einmal ein sauber gefaltetes Wäschebündel, das sie unter der elektrizitätsfrei glättenden Matratze hervorzog

Stromsparen beim Kochen mit herkömmlichem E-Herd lässt sich dadurch bewerkstelligen, dass man früh-, d. h. rechtzeitig zurückschaltet. Dann geht nichts über und der Deckel kann draufbleiben, wodurch die Speise zügig und doch sanft garen kann.

Wer öfter einmal dran denkt, einen schmackhaften Eintopf zuzubereiten, kann mit diesem nicht nur sich, sondern sozusagen auch sein virtuelles Sparschwein füttern.

Auch das Rauchen bzw. Nicht-Rauchen gehört ins Spar-Fach. Über es und seine negativen Auswirkungen nach allen Seiten ist genug geschrieben worden. So viel noch dazu: Wenn ich diesem Laster fröne, ziehe ich Unschuldige hinein in den stinkenden Dunstkreis. Wenn ich z. B. das Laster Schokoladeessen in großem Ausmaß ausübe, so schade ich damit mir selbst, belästige jedoch sonst niemanden …

Alte, ausgedient habende Bettüberzüge und Leintücher, ehrliches Naturgewebe, tausendmal gewaschen, dadurch fasermürb und deshalb besonders saugfähig, verarbeite ich zu Geschirrtüchern. Das Säumen per Hand ist eine kontemplative Arbeit. Wer weder auf Kontemplation noch auf Nähzeugeinsatz scharf ist, kann die Tücher schneiden und dann Fransen hinein- bzw. herauszupfen. Das funktioniert allerdings nur bei normalem Kette-Schuss-Gewebe.

Anachronistisch mutet einem Verbandszeug an, dessen Herstellung aus vorher angeführtem Material durch fleißige Frauenhände bewerkstelligt wurde. Man kann diese Zubereitung in Weltkrieg-Filmdokumenten sehen. Jedoch: Ich sah eine Doku aus afrikanisch-zeitgenössischem Kriegsgebiet. Da wurden genannte Verbände noch verwendet …

Ich schneide meine Haare selbst, auch wenn vielleicht der/die eine oder andere denken mag ,sieht auch danach aus‘. Wie auch immer – jedenfalls bringe ich das Abgeschnittene ein in die Natur. Es gab vor längerer Zeit eine Doku über die Bestandteile von Vogelnestern. Da war u. a. auch Haar verwoben. Kürzlich sah ich eine Amsel Plastikstreifen aufsammeln für den Nestbau.

Sparen am falschen Platz – das passiert des Öfteren. Jeder kann davon ein trauriges Lied singen, wo falsche Sparsamkeit nichts Gutes brachte.

Hier fällt mir ein, was ich, so vermute ich, bei Ingeborg Bachmann gelesen habe: Die aus dem Garten gewonnenen Winteräpfel wurden alljährlich zur Herbstzeit im Keller deponiert. Das Kind musste dann in den Wintermonaten hinuntersteigen und Äpfel heraufbringen, nach strenger Anweisung der Mutter die jeweils angefaulten. Und so gab es dann quasi durchgängig nur Äpfel, die angefault und ausschneidebedürftig waren – die Familie erlaubte sich nicht, unversehrte zu essen.

Manches Erstaunen ruft bei mir das sehr gelegentliche Aus,- Auf- und Umräumen von Kasten- und Ladeninhalten hervor. Ich bin bei solcher Tätigkeit mit großer Wahrscheinlichkeit nicht allein mit Gewinnung von Erkenntnissen. Was sich da alles Ungeahntes findet … Längst Gesuchtes aufersteht, Duplikate von inzwischen Neuangeschafftem kommen zum Vorschein …

Nimm 3, zahl' 2. Mit solchen und ähnlichen superen Supermarktangeboten werden Kühlschränke vollgepfropft. Wie oft verrottet dann die Reserveware und füllt ent-sorgt (!?) Mülltonnen. Die vollstrategische Verkaufspsychologie bzw. die Gier hat wieder einmal gesiegt. Es ist ja auch nicht einfach, zu widerstehen, wenn es aus allen Ecken ,kauf mich, kauf mich' ruft und raunt.

Manch eine(r) wird dann zum Eichkatzl, sammelt, verteilt, versteckt, findet nimmer. Nur dass aus den Eichkätzchenschätzen vielleicht ein neuer Baum oder Strauch entsteht, aus dem von Menschen Angehäuftem jedoch eher Abfall.

Ehrlich gesagt wird mir persönlich eher unbehaglich zumute, wenn ich etwa vor einer Regalschlucht stehe und die Wahl zwischen zweihundert Käsesorten habe.

Sie haben weder Garten noch Balkon, möchten jedoch – selbst angebaut – Schnittlauch, Petersilie, Tomaten etc. ernten, ohne Ihre Wohnung überzustrapazieren?
Vielleicht ist eine friedhöfliche Grabstelle vorhanden. Es müssen nicht immer fade Eisblumen, schlecht riechende Tagetes oder zu Besen mutierende Erikabüschel sein, die auf dem Grab dahindämmern und bald, todgeweiht, die Grünabfallkörbe bevölkern.

Ich sammle Eierschalen für Hühner. Zermahlen liiieben sie dieses ,Zubrot'.

Somit habe ich nun ein bisschen von dem bekanntgegeben, was mir so eingefallen ist bzw. von mir erprobt wurde im Lauf der dahineilenden Jahre.